教育部人文社科青年项目（17YJC890037）结项成果
曲阜师范大学体育学山东省一流学科资助项目

儒家优秀文化融入
高校公共体育课教学研究

许红霞　著

中国海洋大学出版社
·青岛·

图书在版编目（CIP）数据

儒家优秀文化融入高校公共体育课教学研究/许红
霞著. -- 青岛：中国海洋大学出版社，2023.6
　　ISBN 978-7-5670-3536-2

　　Ⅰ.①儒…　Ⅱ.①许…　Ⅲ.①中华文化－应用－体育
教学－教学研究－高等学校　Ⅳ.①K203②G807.4

中国国家版本馆CIP数据核字（2023）第111111号

出版发行	中国海洋大学出版社			
社　　址	青岛市香港东路23号	邮政编码	266071	
出 版 人	刘文菁			
网　　址	http://pub.ouc.edu.cn			
订购电话	0532－82032573（传真）			
责任编辑	董　超	电　　话	0532－85902342	
电子邮箱	465407097@qq.com			
印　　制	日照报业印刷有限公司			
版　　次	2023年6月第1版			
印　　次	2023年6月第1次印刷			
成品尺寸	170 mm × 230 mm			
印　　张	11.5			
字　　数	255千			
印　　数	1～1000			
定　　价	39.00元			

前言 PREFACE

习近平总书记指出:"优秀传统文化是一个国家、一个民族传承和发展的根本,如果丢掉了,就割断了精神命脉。"包括儒家文化在内的中华优秀传统文化是中华民族不断发展和前行的根本和精神命脉,是中国人的思想和精神内核,是中华民族生生不息、发展壮大的文明之泉和智慧之源。在新时代,我们不仅不能丢掉优秀传统文化,而且应该很好地传承和发展中华优秀传统文化。高校公共体育课教学是实现以"体"育人的根本途径。因此,把儒家优秀文化融入新时代高校公共体育课教学中,将有助于中华优秀传统文化的传承与弘扬,也将有助于增强高校公共体育课教学的实效性,更好地落实立德树人的根本任务。

本书围绕儒家优秀文化融入高校公共体育课教学而展开,除导论部分外,主题内容共分为六章。第一章主要探讨了儒家优秀文化的核心要义与当代价值,意在阐明"融入什么"的问题以及中国传统学校体育发展的基本概况。第二章主要从传承和弘扬中华优秀传统文化、推进体育课程思政建设和新时代高校公共体育课教学改革三个方面,阐释了儒家优秀文化融入高校公共体育课教学的价值意蕴,意在阐明"融入的必要性"问题。第三章主要从历史、理论和实践三个方面阐释儒家优秀文化融入高校公共体育课教学的逻辑依据,意在阐明"融入的可能性"问题。第四章主要分析了儒家优秀文化融入高校公共体育课教学的现状、存在的主要问题及其原因。第五章主要探讨了儒家优秀文化融入高校公共体育课教学的基本路径,具体包括加强"融入"问题的理论研究,加强"融入"问题的课程建设,提升大学生的学习热情以及建立"融入"的保障机制等。第六章以曲阜师范大学射艺课程为例,对儒家优秀文化融入高校公共体育课教学实践探索进行了课例展示。

儒家优秀文化融入高校公共体育课教学是一个长时间的不断完善和发展的过程,需要我们长期坚持发展下去,为这个目标不懈努力。本书在写作过程中借鉴了很多专家学者的论述,在此表示感谢。由于作者水平有限,本书在内容上难免有不足之处,恳请各位读者和专家不吝指教。

笔　者

2023 年 5 月

目录

CONTENTS

导　论

　　中华优秀传统文化是中华民族的"根"与"魂",积淀着中华民族最深沉的精神追求,是中华民族独特的精神标识,为中华民族克服困难、生生不息提供了强大的精神支撑。在中国特色社会主义进入新时代的今天,应坚持古为今用,厚植文化自信,推动包括儒家思想在内的中华优秀传统文化的创造性转化、创新性发展,让优秀传统文化更好地融入现代生活,为中华民族伟大复兴凝心聚力铸魂。

　　2014 年,教育部颁布的《完善中华优秀传统文化教育指导纲要》中指出,"加强中华优秀传统文化教育,是构建中华优秀传统文化传承体系,推动文化传承创新的重要途径。……青少年学生是祖国的未来,民族的希望,加强对青少年学生的中华优秀传统文化教育,对于培养中华优秀传统文化的继承者和弘扬者,推动文化传承创新,建设社会主义先进文化具有基础作用。"2017 年 1 月,中共中央办公厅和国务院办公厅联合印发了《关于实施中华优秀传统文化传承发展工程的意见》,其中明确指出:"围绕立德树人根本任务,遵循学生认知规律和教育教学规律,按照一体化、分学段、有序推进的原则,把中华优秀传统文化全方位融入思想道德教育、文化知识教育、艺术体育教育、社会实践教育各环节,贯穿于启蒙教育、基础教育、职业教育、高等教育、继续教育各领域。"在2018年全国教育大会上,习近平总书记明确指出:"要树立健康第一的教育理念,开齐开足体育课,帮助学生在体育锻炼中享受乐趣、增强体质、健全人格、锤炼意志。"2020年5月,教育部关于《高等学校课程思政建设指导纲要》中强调,"体育类课程要树立健康第一的教育理念,注重爱国主义教育和传统文化教育,培养学生顽强拼搏、奋斗有我的信念,激发学生提升全民族身体素质的责任感"。2020年10月,中共中央办公厅和国务院办公厅联合印发的《关于全面加强和改进新时代学校体育工作的意见》中强调,"认真梳理武术、摔跤、棋类、射艺、龙舟、毽球、五禽操、舞龙舞狮等中华传统体育项目,因地制宜开展传统体育教学、训练、竞赛活动,并融入学校体育教学、训练、竞赛机制,形成中华传统体育项目竞赛体系。涵养阳光健康、拼搏向上的校园体育文化,培养学生爱国主义、集体主义、社会主义精神,增强文化自信,促进学生知行合一、刚健有为、自强不息。深入开展'传承的力量——学校体育艺术教育弘扬中华优秀传统文化成果展示活动',加强宣传推广,让中华传统体育在校园绽放光彩"。

可以说,推动中华优秀传统文化,尤其是儒家优秀文化融入高校公共体育课教学是传承中华优秀传统文化、推进立德树人根本任务的实现、深化高校公共体育课教学改革创新的一项重要课题。

一、研究意义

儒家优秀文化融入高校公共体育课教学,既是高校公共体育课教学改革的重要理论探究,也是对现有高校公共体育课教学改革的实践检视。因此,开展儒家优秀文化融入高校公共体育课教学研究具有重要的理论价值和现实意义。

(一)增强大学生对优秀传统文化的认知,进一步坚定文化自信

文化是一个国家、一个民族的灵魂。中华优秀传统文化之于中华民族具有特殊的意义与价值。中华民族之所以被称为中华民族,其特性不是生理的,而是文化的、精神的。换言之,如果没有中华优秀传统文化的滋养与浸润,中华民族也就没有了文化的独特标识,因而就不成为中华民族。《贞观政要•君道》中说:"求木之长者,必固其根本;欲流之远者,必浚其泉源。"中华文化源远流长、

灿烂辉煌、薪火相传、绵延不绝。在五千多年的文明发展与传承中,中华优秀传统文化成为中华民族生生不息、发展壮大的丰厚滋养,是中国特色社会主义植根的文化沃土,也是当代中国发展进步的突出优势,对延续和发展中华文明、促进人类文明进步,具有极其重要的作用。

"以文化人,以文育人。"新时代大学生只有正确认识中华优秀传统文化,更加全面准确地认识与理解中华民族的历史传统与文化积淀,才能更充分地了解中华民族的灵魂与精髓,才能更深刻地理解中华民族"从哪里来",才能更准确地把握中华民族"到哪里去",认清中国特色社会主义的历史必然性。大学生只有积极学习中华优秀传统文化,才能不断丰富自己的精神修养,规范个人思想品德,涵养浓厚的爱国情怀,树立积极进取的人生态度。

党的二十大报告指出:"全面建设社会主义现代化国家,必须坚持中国特色社会主义文化发展道路,增强文化自信,围绕举旗帜、聚民心、育新人、兴文化、展形象建设社会主义文化强国,发展面向现代化、面向世界、面向未来的,民族的科学的大众的社会主义文化,激发全民族文化创新创造活力,增强实现中华民族伟大复兴的精神力量。"文化自信源自文化自知,如果对文化尤其是中华优秀传统文化不了解,那么大学生就无法树立起文化上的自信。高校在开展公共体育课教学时,应有意识地将中华优秀传统文化融入其中,通过教育让更多的大学生感受到中华优秀传统文化的魅力,使大学生深入了解中华优秀传统文化的历史渊源,产生强烈的民族文化认同感与自豪感,实现文化自觉与文化自信。

(二)推动优秀传统文化的传承与弘扬,助推传统文化"两创"

中华文化博大精深,内蕴丰厚,包含着中华民族最根本的精神基因,是中华民族独特的精神标识。诸子百家、经史子集、诗词歌赋、绘画散文、小说戏曲等思想文化经典,反映了中华民族在特定历史时期的社会活动方式,记录了中华民族百折不挠、开疆拓土、艰苦奋斗、生生不息、繁衍壮大的历史发展脉络。讲仁爱、重民本、守诚信、崇正义、尚和合、求大同的价值追求,"礼之用,和为贵""和则相生"的传统伦理精神,保持和谐、注重合作、提倡谦和、宽怀大度的精神追求,成为中华民族为人处世之道和安身立命之本。天下兴亡、匹夫有责的爱国精神,攻坚克难、勇毅前行的乐观精神,崇礼明伦、仁者爱人的人文精神,与时俱进、守正创新的进取意识等,促使中华民族永葆生机活力,实现民族的繁荣兴盛。

我们必须以科学的态度对待中华传统文化。要大力继承和弘扬中华优秀传统文化,如果抛弃传统、丢掉根本,就等于割断了自己的精神命脉。同时,对待中华传统文化还要结合新的时代条件进行创造性转化和创新性发展,坚持古为今用、推陈出新,有鉴别地加以对待,有扬弃地予以继承,使中华民族最基本的文化基因与当代文化相适应、与现代社会相协调,把跨越时空、超越国界、富有永恒魅力、具有当代价值的文化精神弘扬起来。儒家优秀文化是中华优秀传统文化的主干,将儒家优秀文化融入高校公共体育课教学过程中,融入高校公共体育课课程设置和教材体系建设中,以公共体育课教学为重要手段和载体,是促进新时代大学生传承和弘扬中华优秀传统文化的鲜活实践和有效途径。

(三)促进新时代高校公共体育课教学改革创新,增强体育课教学实效

高校公共体育课教学是学校体育教学实现的基本形式,也是实现立德树人根本任务、提升学生综合素质的重要途径。高校公共体育课教学承担着向大学生传授体育知识、技术和技能,塑造健康体魄的重要职能;同时还担负着培养大学生道德、意志和品质,形成良好的人生观、价值观的重要职能。

长期以来,高校公共体育课教学受党和国家高度重视,取得了较大成就,在提高大学生身体素质、助推社会主义体育强国建设中发挥了十分重要的作用。但是,我国高校公共体育课教学中也存在着侧重体育知识和体育技能的培养,而对体育的德育功能重视程度不够的问题,这在很大程度上影响了高校公共体育课教学的实效性。在新时代全面加强和不断深化高校公共体育课教学改革创新,是贯彻落实习近平总书记关于教育、体育的重要论述和全国教育大会精神,把学校体育工作摆在更加突出位置,构建德智体美劳全面培养的教育体系的重要实践。所以,将儒家优秀文化融入高校公共体育课教学中,渗透到体育课教学的各个教学环节,将有助于增强高校公共体育课教学的德育功能,培养新时代大学生的竞争精神、规则意识、团队精神、责任感和意志品质等,更好地实现高校公共体育课教学的育人目标。

二、研究综述

近些年来,随着人们对中国传统文化的重要价值与意义的认识不断提高,学界关于中国传统文化的相关研究,尤其是中国传统文化与教育教学的融入问题,研究成果较为丰硕。

(一)中华优秀传统文化融入大学教育的研究

杜玉波(2016)认为,大学肩负着文化传承创新的重要功能和历史使命,必须不断汲取中华优秀传统文化的思想精华和道德精髓。坚持把中华优秀传统文化融入大学教育教学全过程,这既是大学坚定文化自信、增强文化自觉的内在要求,更是推动建设文化强国、增强国家软实力和国际竞争力的使命担当。此外,学界还对优秀传统文化与具体学科的融入问题进行了研究。一是关于中华优秀传统文化融入思政课教学问题的探讨。陈捷(2016)认为,教师通过精心设计教学内容、创新探索课堂教学模式、运用多元化教学手段,促进中华优秀传统文化在思想政治理论课教学中的融入,有利于增强思想政治理论课教学的实效性。李国娟(2014)认为,中华优秀传统文化是思政课教学有效性的文化根基。思政课教师在实践上积极探索、在理论上深化研究,将中华优秀传统文化有效融入思政课教学,从而实现思政课教学政治功能和文化使命的有机统一。杨天虎(2016)认为,通过制定教学目标、活化教学内容、创新教学方法和手段,将中华优秀传统文化融入高校思政课,有助于增强大学生传承中华优秀传统文化,提升文化创新意识,有助于增强高校思想政治课教学的时效性和针对性。二是关于中华优秀传统文化融入大学外语教学的研究。罗玲(2015)认为,语言和文化的不可分割性决定了语言学习中文化不可缺位,当前对外文化交流和外语学习者中存在的"中国文化失语症",急切地呼唤着本土文化在中外交流和英语教学中适当发声。切实可行的办法便是教师融中华优秀传统文化教育于课堂教学之中。一方面,要充分发掘现有教材传承中华文化的可利用性;另一方面,要利用现有教材渗透中华文化教育的主要手段。三是关于中华优秀传统文化融入语文教学的研究。张丹旸(2016)认为,在当今这个全球化的时代,优秀传统文化融入语文教学是一项重要且复杂的系统工程,要对传统文化持有"甄别、传承、融合、创新""四元一体"的态度。只有正确对待传统文化,甄别优秀传统文化,继承中华文化精髓,在世界新格局下积极寻求文化的自我发展与自我更新,我们的传统文化才能重获新生,我们的语文教学才会推陈出新。

(二)体育教学与道德教育研究

杨小明(2008)认为,学校体育教学是道德教育的一种途径和方式,是对学校德育工作的有力补充和加强。以前,我国的体育课程标准中对道德教育提出了要求,但存在着目标凌乱、内容不全、超出体育教学的培养任务等问题;体育教学中存在着重视程度不够、目标较为泛化、内容相对空洞、方法比较简单等道德教育缺失的现象。周光辉(2009)认为,体育教学中孕育着德育的内容,如体育可以培养学生的坚强意志、竞争意识、团队合作意识等,体育教师要不断提高综合素质,在体育教学中对学生施以德育教育。李建建(2016)则专门探讨了武术教学中的礼文化教育问题,认为武术作为我国优秀的传统文化之一,使武术练习者不断地感受到武术礼文化的熏陶。在武术教学过程中,要将中国文化"礼"的元素融入教学中,潜移默化地影响着学生的思想,最终达德育的目标。

(三)体育课程改革与建设问题研究

近些年来,对于体育课程改革的研究,已经成为体育科学研究领域的一个热点问题,研究内容几乎涉及课程改革的方方面面。对课程理念的研究,有《论体育课程观的嬗变》(李卫东,2005)、《体育课程基本理念创新的研究》(陈喜珍,2006)等;对课程内容的研究,有《普通高校体育课教学改革设想与实施办法》(程杰和彭杰,2005)、《高校体育教学网络课程的设计与开发》(万文君和黄智武,2006)等。刘旻航(2008)认为,课程与文化之间有着内在的、天然的"血缘关系",先从我国现代体育课程改革的历史入手,通过"文化势阱""隧道效应"等现象在体育课程改革领域的表现,指出体育课程一直在遵循着"困束的超越"这一发展规律,艰难地不断发展、完善自我。同时,还探究了这种规律背后的实质——体育课程改革的应然性与必然性,成为推动体育课程改革的重要因素。王淑英(2012)分别从理论基础、性质与特点、目标、内容、实施和评价等方面对学校体育课程进行研究。她认为,学校体育课程由课程目标、课程内容、课程实施和课程评价等要素构成,是体育文化知识传承的载体,是实现学校体育教育目标的基本途径。

　　总之,学界对儒家优秀文化融入课程教学和体育教学改革已有研究和分析,具有一定的学术价值和参考意义,为进行本书的研究提供了重要的学理基础。同时,也不难发现目前关于高校公共体育课教学改革的探讨,主要是围绕着课程的教学内容、课程实施和评价机制等体育知识和技能问题的探讨,对体育教学的德育功能关注不够,而且鲜有学者把传承和弘扬优秀传统文化与公共体育课教学联系起来。所以,在大力继承和弘扬中华优秀传统文化、重视体育立德树人的大背景下,把这两者结合起来探讨,具有重要意义。

三、研究思路与方法

(一)研究思路

　　本书主要以"儒家优秀文化融入高校公共体育课教学"为主题,沿着"理论—实践—评价"的思路,围绕"为什么融入""融入什么""怎么融入"以及"何以保障"等问题而展开,同时,对曲阜师范大学公共体育射艺课程教学实践进行个案研究,意在探讨一套可被推广的"融入"机制,为国内同类问题的研究提供借鉴。

(二)研究方法

1. 文献研究法

　　检索相关网站,查阅国内核心期刊和已经出版的权威著述中关于中华优秀传统文化与高校公共体育课教学改革相关的文献资料,对文献资料进行仔细研读与甄别,积极吸收和借鉴有益的相关研究成果。

2. 实证研究法

　　研究高校公共体育课教学,需要在实践中总结经验、提升理论,这就要求论题的研究必须结合实际的教育教学工作来进行。笔者通过深入不同层次的高校、联系高校体育教师和学生,进行了比较深入的问卷调查和访谈研究,为深入研究"融入"积累原始实证资料。

3. 系统研究法

　　中华优秀传统文化融入高校公共体育课教学是一个系统工程,需要进行全方位的分析。鉴于此,笔者运用系统分析法对"融入"问题从宏观和微观两个层面进行研究,从理论依据、面临挑战、存在问题、教学内容、基本方法等方面均做了不同程度的论述。

4.比较归纳法

高校公共体育课教学有多门课程,每一门课程都有其自身的逻辑体系和特定的教学方法。鉴于此,本书研究从体育教育学的一般规律出发,围绕着儒家优秀文化的"融入"问题,选定"射艺""六艺太极拳""八佾舞"等几门较具代表性的课程做特定分析,同时再对体育教学的一般课程进行比较研究,力求做到一般与特殊兼顾、具体与抽象统一。

四、相关概念厘定

概念是一切认识的逻辑前提,根据既有概念来反映外界事物是人类意识的本质特征。要对儒家优秀文化融入高校公共体育课教学进行学术研究,必须理清楚与本书研究的几个相关概念。

(一)文化、儒家优秀文化的涵义

1.文化与中国文化

"文"本义是指各色交错的纹理,"化"本义为改易、生成、造化。"文"与"化"并联使用,较早见于成书于战国末年的《周易》:"观乎天文,以察时变;观乎人文,以化成天下。"意思是说,通过观察天象,来了解时序的变化;通过观察人类社会的各种现象,用教育感化的手段来治理天下。西汉时期的刘向,最早将"文"与"化"二字联为一词来使用,如《说苑•指武》中说"圣人之治天下也,先文德而后武力。凡武之兴,为不服也。文化不改,然后加诛"。这里所说的"文化",就是与无教化的"质朴""野蛮"对举的。在汉语文化语境中,"文化"之本义就是"以文教化"的意思。

关于文化的含义,多达几百种界定。古罗马哲学家西塞罗认为,"文化是心灵的哲学";英国学者阿诺德在《文化和无政府状态》(1969)一书中认为"文化就是追求我们的整体完美,追求的手段是通过了解世人在与我们最有关的一切问题上所曾有过的最好思想和言论"。梁启超在《什么是文化》中说"文化者,人类心能所开释出来之有价值的共业也",梁漱溟认为"文化并非别的,乃是人类生活的样法"。可见,学界关于文化的含义,是众说纷纭、莫衷一是的。但一般认为,从广义上,"文化"是指人类在社会历史发展过程中所创造的物质财富和精神财富的总和,主要包括了物质文化、制度文化和心理文化三个方面。其中,物质文化是指人类所创造的物质文明,包括交通工具、服饰、日常用品等,这是一种可见的、显性的文化;而制度文化和心理文化,则分别是指生活制度、家庭制度、社会制度以及思维方式、宗教信仰、审美情趣等,它们属于一种不可见的、隐性的文化。

在中国,"文化"一词虽然出现较晚,但文化或文明的肇始十分久远。早在数万年前,古老的中华大地上就迎来了文明的曙光。据考古发掘,早在一万年前至七千年前,中原地区的裴李岗文化、贾湖文化就已经进入了以原始农业、畜禽饲养业和手工业生产为主,以渔猎业为辅的原始氏族社会。其中,出土的龟甲契刻符号,与约三千年前的殷商甲骨文有相似之处,是目前中国乃至世界上发现的最早与文字起源有关的实物资料。当华夏文明在中原地区发展的时候,现在的中国疆域内还分布着其他文化,如金陵北阴阳营文化、高邮龙虬庄文化、嘉兴马家浜文化、余姚河姆渡文化、含山凌家滩文化、潜山薛家岗文化、天门石家河文化、巫山大溪文化。此外,近年来考古发掘出的三星堆遗址,是古蜀文明的典型代表,三星堆文化更是达到了非常高的文明程度。文化在人类历史长河中发挥着十分重要的作用。作为一种精神力量,文化能够在人们认识世界、改造世界的过程中转化为物质力量,对社会发展产生深刻的影响。

在漫长的历史发展过程中,中国文化尤其是作为其核心的思想文化之形成和发展,大体经历了先秦诸子百家争鸣、两汉经学兴盛、魏晋南北朝玄学流行、隋唐儒释道并立、宋明理学发展等几个历史时期。先秦时期,思想界异常活跃,各种思想学说、学术流派纷纷登场,涌现出了孔子、孟子、荀子、老子、庄子、韩非子、惠施、公孙龙、墨子、孙子等一大批思想家,形成了儒家、道家、阴阳家、法家、名家、墨家、纵横家、杂家、农家、小说家、兵家等众多思想流派,其中最有影响的当属儒家、道家、法家、墨家和兵家。先秦子学奠定了中国文化发展的基础,掀起了中国文化发展的第一次高潮。汉初,在深刻汲取秦朝灭亡的教训基础上,崇尚黄老之学。随后,汉武帝采纳了董仲舒的建议"罢黜百家,尊崇儒术"。从此,儒家思想从诸子百家中的一家,一跃而升为官方的主导意识形态和主流思想。儒家思想权威化、制度化、意识形态化的一个突出表现,就是儒家思想的经学化,即儒家学者以先秦时期的儒家经典为依据,通过对这些经典的注释,来表达自己的学术观点和政治见解。不仅出现了古文经学和今文经学之争,而且迎来了经学的繁盛。魏晋时期,玄风大盛,一反两汉时期烦琐的经学及神学目的论,尊崇老子、庄子及《周易》,在思想上和思维方式上出现了一次大的解放。魏晋玄学讨论的核心问题,包括名教与自然的关系、本末有无、语言和思想、肉体和精神等,标志着人的思维能力和认识世界、认识自我的能力又前进了一大步。隋唐时期,佛教出现了繁盛的局面,形成了众多佛教流派。同时,各宗各派又都从中国传统的儒家、道家思想中汲取养分和智慧,以丰富和发展自己的教义。宋明时期,以儒家思想为主,糅合了释、道两家的思想而创立的一种新的哲学形态——理学产生并不断发展,迎来了儒家思想发展的第二次重大转折。宋明理学作为儒学发展的一个重要阶段,将中国哲学的思维水平提高到一个新的高度,其政治目的就是为封建伦理道德寻找终极的价值依据。

2. 儒家文化

儒家文化是自孔子创建儒学始、经历代学者发展形成的文化流派。儒家文化作为一个历史学范畴,具有丰富的内涵,起源于先秦,被历代统治者推崇,之后为了不断适应时代的发展要求,在不同时期儒家文化融合不同时代的其他文化因素,在原有文化理论体系基础上形成了新的理论形态。儒家文化有两千多年的发展历史,其在发展过程中有精华也有糟粕。毫无疑问,儒家优秀文化就是儒家文化中的精华内容,具体是指那些具有跨越时空、超越国度、富有永恒魅力和当代价值的文化精神。

儒家文化博大精深,强调仁、义、礼、智、信、忠、孝、廉等伦理道德范畴。在现代社会中,儒家文化中的这些思想理念已经深入人心,成为指导人们崇尚和平、追求自强、实现自我与社会和谐的重要思想。比如,儒家文化中关于"礼"的思想。众所周知,儒学的真谛是仁礼一体。不讲究仁,只讲究礼,人民就会反抗其统治;不讲究礼,只讲究仁,人民就会轻慢其统治——即人民不受道德约束,就会由思想上的无政府状态引发现实中的无政府状态。人类社会是不断发展和进步的,古代人类受到自然界的威胁特别严重,必须依赖群体的力量才能生存。为此,每个人都习惯于遵守群体共同的道德规范,而认为群体共性对个性的约束非常合理。但是越到后世,人类受到自然界的威胁不断减弱,因此,反对共性约束、追求个性自由的思潮便逐步发展起来,人们的道德观念也就跟着发生相应的变化。

再比如,儒家文化中关于"中庸"的思想。《中庸》开篇就说:"天命之谓性,率性之谓道,修道之谓教。"遵循人的本性是自然的道理,对于处在社会中的人,我们需要依据人性来进行修养,所以才有"喜怒哀乐之未发,谓之中;发而皆中节,谓之和"。可见,儒家不是压抑人性,而是承认人性、顺应人性、以人性为根本的,并且要根据人性来进行修养,体现了儒学思想的社会性。其实,中庸没有让人进取也没有让人不进取,而是告诉人无论强弱、无论进退,都应持有"中"的态度。所谓"持两用中,过犹不及",强调的是"中",既不是"前",也不是"后";既不是"左",也不是"右",而是一个外界与内心、形势与实力的平衡点。

可以说,儒家关于"礼""中庸"的思想论述,植根于中国固有的价值系统且能随时调整,以适应时代和社会变化。

(二)"融入"的涵义

《说文解字》中说:"融,炊气上出也。从鬲,蟲省声。"其本义是指固体受热变软或化为流体,或"炊气上出"的意思。后来,"融"引申出"融显""融光"等形容词以及"融合""融会""融化""融通"等动词。《说文解字》中还说"入,内也",表示"由外到内"的意思,本义是指收存物品,加盖封藏等,后来又被引申为"符合""契合"等含义,也就是表明一种事务达到了或者无限趋近于一种境界或状况。

作为"融"与"入"两个字合成的词汇,"融入"一词在词性上是动词,有融合、混入、混合之义,指某一有形或无形的事物形态通过一定的渠道和形式,进入另一有形或无形的事物之中,在有机融汇和相互渗透中,使前者成为后者的特定组成部分,或者前者分散在后者的过程中。

与"融入"相近的一个概念就是"融合"。所谓"融合",是指"几种不同的事物合成一体",主要用来表示行为、结构、人群等很多方面的融合。比如,"融合"在群体关系上表示的是一种"所有使得群体成员留在群体中的力量的结果"。不难看出,"融入"与"融合"都表示两种事物之间进行结合的意思,但二者还是存有明显区别的:一是主体地位上的差异。"融入"强调的是两个事物主体地位上存在着主次之分。也就是说,一个要素、一种载体、一种理念、一种环境渗透到另一个系统之中。"融合"则强调的是两种事物主体地位相同。二是最终结果上的差异。"融入"表达的是前一个事物融入后一个事物中,也就是说二者融汇后的结果只会对后一个事物起强化的效果,并不会对后一种事物的根本属性发生更改。但是,如果两个不同的事物之间进行了"融合",其结果很可能是产生了第三种事物。

儒家优秀文化融入高校公共体育课教学,这里所强调的"融入",指的就是将儒家优秀文化中的一些概念范畴、理论观点、思想观念、程序方法、意象表达等,通过移植借用、结合转化、类比隐喻等方式,渗入高校公共体育课教学中,成为高校公共体育课教学的工具要素、理念追求、教育规则、价值信念或实践惯例。儒家优秀文化融入高校公共体育课教学,必须遵循学生主体的认识规律和教育教学实践的规律,必须按照一体化、有序推进的原则,把儒家优秀文化全方位地融入思想道德教育、体育文化知识教育、体育技术技能教育和社会实践教育等各个教学环节中。"融入"的内容,应当是代表儒家优秀文化的思想精华,是儒家优秀文化中那些仍适应于当代文化、仍能与当代社会相协调的内容;选择的基本原则是"古为今用";具体的方法是"去粗取精,去伪存真";达到的目标是经过科学的扬弃之后,使之能"为我所用",同时还能契合新时代大学生的学习兴趣和需求。

(三)儒家优秀文化"融入"高校公共体育课教学

高校公共体育课教学与儒家优秀文化是两个既有联系又有区别的系统,是两个相交的圆,二者之间既有彼此渗透影响的共同方面,又有本质相异的不同之处,其共同性为"融入"提供了前提条件,而其相异性又为"融入"提出了必要性。高校公共体育课教学与儒家优秀文化不存在相互排斥,又不可能相互代替。高校公共体育课教学的儒家优秀文化融入,有利于发挥各自长处、取长补短,特别是让儒家优秀文化为高校公共体育课教学注入新的内容和元素,增强其文化内涵,为高校公共体育课教学的改革创新增添活力。具体来说包括以下几方面。

第一,儒家优秀文化融入高校公共体育课教学,是一种社会实践活动,是人类的一项重要的主体性活动,具有很强的实践性。它需要在理论上对一些重大问题做深入的研究,特别是高校公共体育课教学与儒家优秀文化的关系问题,从而弄清楚融入的必要性、可能性,更需要在丰富的社会实践中去尝试、体验,从而提高融入的自觉性,并探索融入的有效途径。

第二,儒家优秀文化融入高校公共体育课教学,是一个分分合合的过程。历史地看,体育教学曾经与传统文化高度地融合在一起,传统文化的本质本来就是为人的生存发展提供价值和意义支撑,把这种价值和意义传授给生活共同体的每一个成员,就是所谓的德育。但是,随着人类社会的发展特别是社会分工的发展,德育与文化分开了,文化的内涵似乎更倾向于知识技能,而德育则成为某种工具而离文化很远了。今天,随着经济社会的巨大发展,人们在解决生存生活的物质基础问题以后,更追求精神上的满足,更关注生命的意义和价值。

第三,儒家优秀文化融入高校公共体育课教学,是一种理念和精神。高校公共体育课教学的儒家优秀文化融入,不仅仅是一种社会实践活动、一种教育活动,而且更多地体现为一种理念、一种精神,既能够有效地提高体育教学的文化含量,更有利于深化体育教学的规律认识,推进体育教学的改革创新。树立高校公共体育课教学的儒家优秀文化融入理念,应该将儒家优秀文化理念和文化精神融入整个高校公共体育课教学的发展过程之中,体现在高校公共体育课教学的方方面面。儒家优秀文化不是作为高校公共体育课教学的单独的一部分存在,而是与高校公共体育课教学交融在一起,作为一种理念和精神体现在大学生体育教学的运行、发展的全过程之中。

第一章

儒家优秀文化与中国传统学校体育发展概述

国家主席习近平在出席纪念孔子诞辰 2565 周年暨国际学术研讨会时指出,以儒家思想为主导的中国思想文化,"体现着中华民族世世代代在生产生活中形成和传承的世界观、人生观、价值观、审美观等,其中最核心的内容已经成为中华民族最基本的文化基因"。中国传统思想文化,特别是儒学文化,是中华民族的精神血脉、文化根基、思想渊源,不仅在历史上而且在走向现代化的今天,始终是民族发展壮大的宝贵财富。儒家学说由孔子创立,经后代弟子和大儒不断完善发展,逐渐形成了一个完整的人文思想理论体系,对中国社会的发展产生了至大至深的影响。中华传统体育是由中华各民族共同创造并经过千年的验证和优选传承下来的运动形式,具有类型多样、丰富多彩、民族特色鲜明等特点;同时,也彰显着儒家文化的重要精神特质、思想体系和丰富内涵。

一、儒家优秀文化的核心要义与当代价值

国家主席习近平在纪念孔子诞辰 2565 周年国际学术研讨会暨国际儒学联合会第五届会员大会开幕会上的讲话中指出:"孔子创立的儒家学说以及在此基础上发展起来的儒家思想,对中华文明产生了深刻影响,是中国传统文化的

重要组成部分。"儒家文化是以儒家学说为指导思想的文化流派。自孔子开创儒家学说以来,在几千年历史发展传承中,儒家文化逐渐成为中国传统文化的主流与核心,对中国文化发展起到决定性作用。儒家文化的发展,虽然从整体上看是曲折的,但是各发展阶段又各具特点,其大致经历了先秦诸子百家争鸣、两汉经学兴盛、魏晋南北朝玄学流行、隋唐儒释道并立、宋明理学发展等历史时期。儒家文化是中国传统文化的主流思想与主要脉络,其长期占据主流地位的原因便是能够顺应时代的发展和需求。

（一）儒家优秀文化的核心要义

2014年2月24日,习近平总书记在十八届中央政治局第十三次集体学习时强调指出,要"深入挖掘和阐发中华优秀传统文化讲仁爱、重民本、守诚信、崇正义、尚和合、求大同的时代价值,使中华优秀传统文化成为涵养社会主义核心价值观的重要源泉"。儒家文化博大精深、内蕴丰富,其中蕴含的诸如"仁爱""民本""诚信""正义""和合""爱国"等重要思想内容,塑造了中国古代社会独特的思想文化发展样态,深刻影响了中华民族的民族心理、人文精神和生活方式等。

1.仁爱:儒家文化的核心价值理念

"仁"是中国传统伦理的重要范畴,也是儒家思想的核心理念。《论语》中,"仁"字先后出现过109次。其实,在孔子之前就已经出现"仁"的概念与"仁爱"思想。"仁"字在甲骨文和金文中就可能已经出现。目前所见最早关于"仁"字的记录是《尚书·周书·金滕》篇:"予仁若考,能多材多艺,能事鬼神。"此外,《诗经》《国语》《春秋》和《逸周书》中,"仁"字的使用已经比较普遍了,并且作为一种风尚,广泛渗透到个人品质、战争和治国等众多领域。

那么,何为"仁"呢?《说文解字》中说"仁,亲也。从人,从二",强调的是一种人与人的关系,意指对人友善、与人相亲。《郭店楚墓竹简》中关于"仁"字的写法是"上身下心",意在强调"仁"是指一个人自我身心的和谐。《论语·颜渊》中有:"樊迟问仁。子曰:'爱人。'"这里孔子是用"爱"来释"仁",强调"爱"的对象是人。这个"人"是一个普遍概念,也就是说,作为一个君子,对所有人都应该抱有"爱"的情怀。在此基础上,"仁"发展成为一种含义更为广泛的道德范畴,比如"仁爱""仁政"。

儒家所讲之"仁",其实内蕴着两方面的道德伦理,即"忠"与"恕"。所谓"忠",就是"己欲立而立人,己欲达而达人"。意思是说,一个人想要在社会上站得住脚,应该也要想到别人,并且让别人也站得住脚;自己想通达起来,同时也要想到别人,希望别人也通达起来。所谓"恕",就是"己所不欲,勿施于人"。儒家强调,自己不想要的东西,就不要强加给别人,要尊重、宽容别人,设身处地为别人着想。

其实,儒家所论之"仁",内蕴着亲亲、仁民和爱物三重逻辑。首先是"亲亲",也就是要说一个人必须孝敬自己的父母、尊重兄长,因为孝悌是仁爱之根本,是一个人全部道德情感的基础。其次是"仁民",也就是要把这种"亲亲"的情感进一步扩充出去,推己及人,由爱亲而及陌生人,正所谓"泛爱众,而亲仁","老吾老以及人之老,幼吾幼以及人之幼"。最后"爱物",就是要把仁爱之心进一步推向天地万物,正如宋儒张载所说的"民吾同胞,物吾与也",要爱草木鸟兽、瓦石山水,达到仁者与天地万物为一体的境界。可以说,儒家的仁爱是一种差等之爱,当然是以血亲之爱为基础的。

2. 民本:儒家文化的重要标识

民本思想是中国传统政治文化的重要内容,也是儒家文化的重要概念与标识。商周之际,面对变化无常的天命,思想家们开始意识到民众的重要性,提出了"疾威上帝,其命多辟。天生烝民,其命匪谌"的主张,标志着传统民本思想的萌芽。春秋时期,诸子百家各派都提出了明确的民本思想。墨家提出了以"兼爱"为核心的民本思想,儒家提出了"自古皆有死,民无信不立",要取信于民的民本思想。《左传》中有"民,神之主也"的思想主张,《穀梁传》中提出"民者,君之本也"的思想。战国时期,民本思想已经相对成熟。孟子首次提出"民为贵、社稷次之,君为轻"的"民贵君轻"政治主张,荀子则进一步提出了"君者舟也,庶人者水也。水则载舟,水则覆舟"的君民"舟水"关系说,标志着儒家民本思想的成熟。

汉朝初年,统治者目睹了秦末农民起义的风起云涌,采取"顺民之情,与之休息"的政策,轻徭薄赋、轻刑慎罚、厉行节俭,使得西汉经济迅速恢复和发展,社会安定,于是出现了"文景之治"的局面。思想家贾谊也充分阐释了"国以民为安危,君以民为威侮,吏以民为贵贱"的民本思想。南北朝时期,刘昼在《新论·爱民篇》中说"是故善为理者,必以仁爱为本,不以苛酷为先,宽宥刑罚,以全人命,省彻徭役,以休民力,轻约赋敛,不匮人财,不夺农时,以足民用,则家给国富,而太平可致也",主张爱惜民力、与民休息的民本思想。唐朝初年,统治者把"民惟邦本"作为治国的重要思想,实施均田制,减轻赋税和刑罚,出现了"牛马布于野,外户不闭"的太平景象。唐代思想家柳宗元提出了"吏为民役"的思想,认为官员的职责就是要成为老百姓的好帮手,而不是成为奴役百姓的人。明代的张居正重视国计民生,提出"天之立君,以为民也",使儒家民本思想得到进一步发展。

明清时期,高度集中的君主专制忽视了民众在国家中的作用,使得儒家民本思想开始走下坡路。许多思想家在这一时期不断寻找新的突破口,吸取教训,总结经验,将民本思想与反君主专制思想有机结合起来。黄宗羲提出了许多突破传统儒家民本思想的内容,有倡导民主、民权的趋势。他说"古者以天下为主,君为客,凡君之所毕世而经营者,为天下也",认为君王是需要替民众操劳的,但是后世君王把天下视为私人之产业,不但个人享福,还传位给后世子孙,成为天下之大害。黄宗羲的民本思想在一定程度上带有近代启蒙运动的气息,体现了儒家民本思想已经开始向近代民主主义思想接近。王夫之从唯物主义天道观出发,指出天是"理"与"势"的统一,把握"天"的基本途径就是了解民情、民心。可以说,明末清初资本主义的萌芽和民主意识的觉醒,在一定程度上促进了传统民本思想向近代民主理念的转向。

儒家民本思想内蕴丰富,博大精深,择其要者而言,主要包括以下内容:一是"立君为民"的权力来源观。君主的权力源自何处?民本思想的倡导者们认为,君主的一切政治权力来源于人民。《荀子·大略》中说:"天之生民,非为君也;天之立君,以为民也。"君主总是以上天立君并使之获得政治权力的,上天"立君"的最终目的是为了人民的需要。二是"民为邦本"的国家基础观。民众是国家的根本,是社会财富的创造者,是国家兴亡的决定性力量。《论语·颜渊》说:"百姓足,君孰与不足?百姓不足,君孰与足?"《孟子·离娄上》说:"桀纣之失天下也,失其民也;失其民者,失其心也。得天下有道:得其民,斯得天下矣;得其民有道:得其心,斯得民矣。"三是"爱民养民"的执政目标观。执政者的目标是什么呢？儒家认为能让百姓过上好日子是执政者必须确立的执政目标。具体来说，思想上要重民爱民，经济上要利民富民，政治上要安民济民，文化上要教民育民。

总起来说，儒家"立君为民""民惟邦本""民贵君轻""敬天保民""仁民爱民"等思想主张，表现出人民在国家政治体系中的重要地位。民本思想揭示了执政规律，约束了政治权力，顺应了民意，维护了社会秩序和国家稳定。

3. 诚信：儒家立人立国之根本

诚信思想产生较早，《尚书·虞典·尧典》中记有"允恭克让，光被四表，格于上下"，这里的"允"有信、诚之意，意思是说尧诚信恭谨，推贤让能，光照四方，道通天地。此外，《尚书·商书·汤誓》中有商汤对臣民的誓言，其中就讲到"尔无不信，朕不食言"，这表明早在五帝、三代时期，诚信就是为政者治国理政的根本。春秋时期是诚信思想发展的重要时期。彼时，王命不振，诸侯纷争，诚信成为关乎国家能否生存的关键。《左传》中的"信"字先后出现了216次之多，《论语》中的"信"字被提到38次。孔子从多方面阐释了"信"的内涵及价值，并将"信"作为教育学生的四科之一；同时"信"还被视为为人之最基本的"恭、宽、信、敏、惠"五德之一。孟子进一步发展了孔子的诚信思想，将"朋友有信"作为与"父子有亲，君臣有义，夫妇有别，长幼有序"并列的"五伦"之一，成为整个社会关系的道德基准。荀子对"诚"和"信"的思想各有深入论析，进一步将孔、孟提出的"朋友有信"的道德要求扩展为商贾、百工、农夫等各种职业的道德准则，提升、巩固了诚信的社会人伦道德属性。

汉代时期，儒学获得独尊的地位，诚信思想被列为儒家"五常"之一，成为整个国家社会道德伦理的重要纲常规范。董仲舒认为，诚信是个人家庭、国家社会存在的根基，是成就明君贤臣的先决条件，是做人、为官、处事的基本道德规范。宋明时期，理学家们对诚与信进行了哲学辨析，形成了较为完备的理论体系。朱熹在前人关于诚信思想论述的基础上，提出了诚信是"仁义礼智"的核心基础，进一步强调"诚"是道德主体，是天理之"本然"；"信"是人之道，应内化于心，外化于人，赋予"诚"为理学的核心价值理念之一。明清时期，随着商品经济的发展和资本主义的萌芽，商业贸易快速发展，传统诚信伦理更多地体现在商业贸易中，成为"经商之道、守贾之业"的第一要义，诚心实意、童叟无欺的诚实守信之道成为明清商人的经商之本、取胜之道。

诚信，由"诚"与"信"两个既有差异又相互贯通的德目融合而成。朱熹说"诚者，真实无妄之谓，天理之本然也"，认为"诚"是天道之本然，也是天地自然运动变化的原动力。《说文解字》中说"信，诚也，从人从言"，认为"信"的基本语义是言行一致、诚实不欺。在"诚"与"信"的关系上，儒家主张"诚于中，信于外"。"诚"属于道德理念本体，是道德主体的一种内在德性，也是"信"的前提与内在依据；"信"是一种实践理性法则，体现的是社会化的道德践行，是"诚"的保证与外在表现。一个人只有具备了"诚"的品质，在为人处世时才能做到诚实不欺、信守承诺。

儒家重视诚信之德，源于诚信在修身做人、治国理政中的重要作用。孔子说"人而无信，不知其可也"，一个人不守诚信，真不知道他怎么能行？还说"言忠信，行笃敬，虽蛮貊之邦，行矣。言不忠信，行不笃敬，虽州里，行乎哉"，一个人说话做事能诚实守信，虽行万里也不难；反之，如果不讲诚信，必然会寸步难行。孟子也说"诚者，天之道也；思诚者，人之道也。至诚而不动者，未之有也；不诚，未有能动者也"，认为诚信是自然的规律，追求诚信是做人的必备品质。在朱熹看来"信"是一个人能够在社会中安身立命的根本，"人若不忠信，如木之无本，水之无源"。

取信于民是为政之根本，也是一个国家政治生命之所在。《论语》中说"道千乘之国，敬事而信，节用而爱人，使民以时"，孔子认为治理面积小、资源少的小国，基本的施政方针是工作严谨，信实无欺，节约费用，爱护官吏，根据农时征用民力。当孔子的学生子贡向孔子请教治国之道时，孔子说有足够的粮食和军备，还要取得百姓的信任。子贡再问，在这三者中必须去掉一项，哪一项是应该先去掉的呢？孔子毫不犹豫地回答说要去掉军备。子贡又问，在剩下的两项中，迫不得已还要去掉一项，那应该先去掉哪一项呢？孔子回答说，去掉食物吧！自古以来，人都是免不了一死的，但如果失去百姓的信任，政府是无法立足的。可见，在孔子的治国思想中，当政者可以没有饭吃，政府也可以去掉军备，唯独不能失去百姓的信任。所以，唐代的柳宗元就说，"信，政之常，不可须臾去之也"。

诚信既是一种重要的内在德性，又是一种重要的道德实践。儒家认为，个人要养成诚信之德,需要不断地自我学习。比如,《论语》中说"笃信好学,守死善道",在通往诚信的道路上,应该要有坚定的信念,勤奋好学,誓死固守至善之德。"好信而不好学,其蔽也贼。"一个只讲诚信而不好学的人,因为不明是非就容易被人所利用,反过来还会害己害人。孔子还说"道之以德,齐之以礼,有耻且格",通过道德教化,以道德的说服力和劝导力提高社会成员的诚信意识和道德觉悟。

儒家虽然主张"言必信,行必果",但又强调坚守诚信是有条件的,须以合乎"义"为前提,只有合乎正义、公理的承诺才能兑现。孟子说"大人者,言不必信,行不必果,唯义所在",诺言是否履行,需要以"义"作为衡量标准。离开了道德标准,片面强调守信,机械地遵循言行一致的行为规范,守"非义之信",必然会造成"恶"的后果。所以,在人际交往中,坚守诚信道德标准,应建立在坚实的道德正义基础之上;在国际交往中维护国家信用,也应该建立在维护国家根本利益的前提下。儒家诚信思想历经几千年发展嬗变,积淀成为悠久精深的民族传统,为当代中国诚信社会建设提供了重要的文化资源。

4. 正义:儒家社会伦理的基本价值取向

"正义"一词最早见于《荀子·儒效》中:"不学问,无正义,以富利为隆,是俗人者也。"正义观念萌芽于原始人的平等观。早在尧舜时代,"义"就已经是人们谈到的重要命题之一。管子倡导"礼义廉耻,国之四维"。后来,儒家倡导"仁义礼智信",把"义"作为"五常"之一,成为一个极其重要的伦理范畴。

何谓"义"?《中庸》中说:"义者,宜也。"许慎《说文解字》中说:"义,己之威仪也。从我从羊。"可见,"义"之本意代表的是仪容既庄重又令人敬畏,既充满善意又十分美好。刘熙《释名》中解释说"义者宜也,制裁事物使合宜也",认为"义"是指正当的、合理的,应有的思想、言论和行为。朱熹认为:"义者,心之制,事之宜也。"在中国古代的早期论述中,"义"本身就包含着"正义"之义。《墨子·天志下》中就说:"义者,正也。""义",一方面指人的行为正当与公正,是个人道德修身的价值取向;另一方面指社会制度评判上的合宜与公平,是处理人际关系的重要依据。

首先,正义是人之为人的社会性要求。中国传统文化特别是儒家文化,尤为注重思考人性与人的价值问题、人何以为人的问题。《礼记·冠义》中说:"凡人之所以为人者,礼义也。"《礼记•礼运》中也说:"何谓人义?父慈子孝,兄良弟悌,夫义妇德,长惠幼顺,君仁臣忠。十者,谓之人义。"儒家特别关注为人之"义",要求人们的行为合乎道义,遵守礼义。《尚书•虞书•皋陶谟》中主张"强而义",《尚书•商书•仲虺之诰》中主张"以义制事,以礼制心"。孔子认为"义"是君子的本质规定,主张"君子义以为质,礼以行之,孙以出之,信以成之",入仕为官者必须遵循义的原则,"君子之仕也,行其义也"。《孟子•离娄上》中说"义,人之正路也",认为义是人人都应该遵行的正确之路、正义之路。与"义"紧密相连的是"利",正如《国语》中说"言义必及利"。在义与利的问题上,儒家向来强调要见利思义、先义后利;当"义"与"利"发生冲突时,要做到"义以为上",孟子甚至把"义"看得比生命还重要,提出"生亦我所欲也,义亦我所欲也,二者不可得兼,舍生而取义者也"的主张。

其次,正义是社会伦理的基本价值取向。"义"是一种重要的伦理范畴,其内涵规定性就是要求社会成员遵守人伦秩序,履行社会责任和道德义务。殷商之际,姜太公告周文王说"义胜欲则昌,欲胜义则亡",无论提升国家治理境界还是个人成长,"义"都是要认真履行的道德人伦责任。儒家主张"中庸",为人处事要合乎"中道"。何谓"中"?首先就是其思维或行为要正当、合宜,要平衡好"人欲"与"天理"的问题,"中"一定要合乎"义"的要求。作为社会角色主体,人应有履行社会义务的自觉性与能动性。

再次,正义是实现天下和谐的重要前提。人类文明的普遍法则与基本价值在于公平和正义,突出表现在社会秩序上的和谐。儒家追求向来主张"天下为公","公则不为私所惑,正则不为邪所媚","唯公然后可正天下"。"义"意味着"公",人人"讲信修睦",社会和谐,人心和顺,"老有所终,壮有所用,矜寡孤疾,皆有所养",天下和谐的实现,有赖于"公义"和"正义"的前提。只有天下实现公平正义,社会才能实现安定前进、和谐发展。正如《荀子•赋篇》所说"行义以正,事业以成",贾谊《新书•威不信》中所说"古之正义,东西南北,苟舟车之所达,人迹之所至,莫不率服"。

5. 和合:儒家文化的核心价值理念

和合思想是中华优秀传统文化的精华,也是儒家思想文化的基本理念。"和"与"合"字在甲骨文和金文中均有出现。"和"的本义为吹奏类的乐器,引申为声音和谐;"合"原意为器皿闭合,引申为两物相和、彼此融洽。"和合"一词最早见于《国语·郑语》中,"商契能和合五教,以保于百姓者也"。意思是说,商契能把父义、母慈、兄友、弟恭、子孝"五教"加以和合,使百姓安身立命。儒家历来重视"和",认为"德莫大于和"。《中庸》中说"中也者,天下之大本也;和也者,天下之达道也。致中和,天地位焉,万物育焉",把"和合"中蕴含的和顺、和畅与和美等思想,由人类社会推及整合自然界。董仲舒在总结前人思想的基础上,系统阐释了"天人之际,合二为一"的哲学思想,使和合思想由自然范畴走向意识形态层面。宋明时期,理学家周敦颐、张载、二程等人对和合思想进行了进一步阐释,经王阳明、李贽的阐扬和王夫之、顾炎武、黄宗羲等人的发挥,使和合思想日臻成熟与完备。

和合思想要求个体身心和谐,修身养性讲究"心平气和";人际和谐,与人交往恪守"和而不同"之法;要求人与自然的和谐,做到天人合一、宇宙和谐。

一是人的身心自我和谐。"身"与"心"都是儒家思想中的重要概念,身与心的和谐是儒家思想体系的重要内容。为了生命的完美,儒家既重视人的肉体之身,也重视人的精神之心。《孝经》中说:"身体发肤,受之父母,不敢毁伤,孝之始也。"为了保持身体的健康,孔子主张"食不厌精,脍不厌细",提出君子"三戒"。孟子说"养心莫善于寡欲",认为一个人如果被贪欲心所迷而不自觉,就会导致人性扭曲,破坏心灵的宁静、平衡、和谐。《中庸》中强调"喜怒哀乐之未发谓之中,发而皆中节谓之和",认为七情的发出都要符合一定节度,而不超过或不及,这便是和心,或者说是中和、中庸。如何才能实现中和呢?必须做到知足、知止、知觉"三知",唯此才能过财、色、权三关;唯有积善集义而养心,中和求放心。荀子认为,只有人的身(形)体,才会产生人的精神,身体是人的精神产生的物质基础,正所谓"形具而神生,好恶、喜怒、哀乐藏焉",只有形体具备精神才会产生。

二是人与人、人与社会和谐。如何处理人与人的关系,儒家倡导"己所不欲,勿施于人"和"己欲立而立人,己欲达而达人"的观念,这实际上是一种推己及人的方法,要求人与人交往时要去掉个人之"私",树立"仁爱"之心,倡导和实践"仁爱"之心,营造和谐的人际关系。关于个人与社会的关系,荀子认为"人能群,彼不能群也,故人生不能无群",强调个人的前途命运与群体是密切相关的,只有把个体融入社会之中,才能实现个人与社会的和谐统一。

三是人与自然要和谐。人本身是客观世界的一部分,随着人类社会的形成导致了客观世界的分化,形成了人与自然的对立统一关系。对于人与自然的关系,儒家坚持把人置于自然之中,主张天人合一、天人和合,强调人与自然要和谐相处、共生共灭,要尊重自然、顺从自然。《周易·系辞》中说"天地之大德曰生""生生之谓易",认为天地万物是一个和合的生命总体。作为自然一部分的人类,应该"尽己之性,尽人之性,尽物之性",做到参赞天地之化育。

6. 大同:儒家理想社会的憧憬

自古至今,大同一直是中国人关于理想社会的梦想,并不断地被注入新的内容和精神。"大同"一词最早见于《尚书·洪范》:"汝则从,龟从,筮从,卿士从,庶民从,是之谓大同。"此处用来描述王、卿士、庶民和天地鬼神同心同德的状态。但是,对于大同思想的完整描述见于《礼记·礼运》:"大道之行也,天下为公。选贤与能,讲信修睦,故人不独亲其亲,不独子其子,使老有所终,壮有所用,幼有所长,矜寡孤独废疾者,皆有所养。男有分,女有归。货恶其弃于地也,不必藏于己;力恶其不出于身也,不必为己。是故谋闭而不兴,盗窃乱贼而不作,故外户而不闭,是谓大同。今大道既隐,天下为家。各亲其亲,各子其子,货力为己,大人世及以为礼。城郭沟池以为固,礼义以为纪;以正君臣,以笃父子,以睦兄弟,以和夫妇,以设制度,以立田里,以贤勇知,以功为己。故谋用是作,而兵由此起。禹、汤、文、武、成王、周公由此其选也。此六君子者,未有不谨于礼者也。以著其义,以考其信,著有过,刑仁讲让,示民有常。如有不由此者,在势者去,众以为殃,是谓小康。"在这里,孔子是把大同思想和"小康"社会进行对比而提出的,认为后者是基于家、国、天下基本社会结构之上的,以宗法制度和伦理为核心,以区别的精神来构造的世界,其基本特点是以天下为家,以礼义为纪,以兵刑为用。与此相对,所谓"大同",就是克服了"家天下"制度下包含的亲疏远近等区分,打破人我界限,以成至公之境,其特点是天下为公、选贤与能、各得其所和世界太平。

此后,诸多思想家、政治家站在不同立场上,对大同思想进行了进一步阐释或实践。比如,董仲舒、扬雄、张载、王艮、海瑞等人,将井田制作为理想的土地制度加以美化;农民起义领袖王小波、李顺、钟相、洪秀全等人,提出"等贵贱、均贫富"口号,力图建立一个"有田同耕,有饭同食,有衣同穿,有钱同使,无处不均匀,无处不保暖"的理想社会。但是,囿于当时的社会条件,这些理想社会都是不可能真正实现的。

近代维新派代表人物康有为,在其所著的《大同书》中,以西方自由、平等、独立、人权之说,激活传统的思想文化资源,赋予中国传统大同思想以新的意义。《大同书》将人类之苦归之于九界,即"国界、级界、种界、形界、家界、业界、乱界、类界和苦界";唯有消除此九界,才能归于"大同"。孙中山也是大同思想的阐发者,在《三民主义》一文中,他认为"三民主义的意思就是民有、民治、民享。这个民有、民治、民享的意思,就是国家是人民所共有,政治是人民所共管,利益是人民所共享。照这样的说法,人民对于国家,不只是共产,一切事权都是要共的,这才是真正的民生主义,就是孔子所希望的大同世界","民生主义就是社会主义,又名共产主义,即是大同主义"。可见,孙中山把大同与社会主义、共产主义联系起来看待。

总结起来说,大同思想是儒家思想文化中的精华,像一个巨大的"磁石"一样,将中华民族牢牢凝聚在一起;同时,儒家大同思想也是中国贡献给世界的宝贵精神财富,成为人类同呼吸共命运的重要文化基础。

(二)儒家优秀文化的当代价值

2014年9月24日,在纪念孔子诞辰2565周年国际学术研讨会暨国际儒学联合会第五届会员大会开幕会上,国家主席习近平在讲话中指出:"世界上一些有识之士认为,包括儒家思想在内的中华优秀传统文化中蕴藏着解决当代人类面临的难题的重要启示,比如,关于道法自然、天人合一的思想,关于天下为公、大同世界的思想,关于自强不息、厚德载物的思想,关于以民为本、安民富民乐民的思想,关于为政以德、政者正也的思想,关于苟日新、日日新、又日新以及革故鼎新、与时俱进的思想,关于脚踏实地、实事求是的思想,关于经世致用、知行合一、躬行实践的思想,关于集思广益、博施众利、群策群力的思想,关于仁者爱人、以德立人的思想,关于以诚待人、讲信修睦的思想,关于清廉从政、勤勉奉公的思想,关于俭约自守、力戒奢华的思想,关于中和、泰和、求同存异、和而不同、和谐相处的思想,关于安不忘危、存不忘亡、治不忘乱、居安思危的思想,等等。中华优秀传统文化的丰富哲学思想、人文精神、教化思想、道德理念等,可以为人们认识和改造世界提供有益启迪,可以为治国理政提供有益启示,也可以为道德建设提供有益启发。"作为中国传统文化重要组成部分的儒家思想,内蕴丰富、博大精深,是几千年中国传统文化的积淀和结晶,虽经受历史长河洗礼,依旧在世界文化之林中熠熠生辉,具有重要的现代价值与意义。

1. 儒家优秀文化是涵养社会主义核心价值观的重要源泉

社会主义核心价值观是对社会主义核心价值体系的科学概括和重要体现,党的十八大报告中将其概括为"富强、民主、文明、和谐,自由、平等、公正、法治,爱国、敬业、诚信、友善"二十四个字,分别从国家、社会、公民三个层面阐述了社会主义核心价值观的内涵。新时代培育和践行社会主义核心价值观,对于巩固马克思主义在意识形态领域的指导地位、巩固全党全国人民团结奋斗的共同思想基础,对于促进人的全面发展、引领社会全面进步,对于集聚全面建成小康社会、实现中华民族伟大复兴中国梦的强大正能量,具有重要意义。

儒家文化是中华优秀传统文化的重要根脉,是社会主义核心价值观的重要文化沃土。习近平总书记指出:"优秀传统文化是一个国家、一个民族传承和发展的根本,如果丢掉了,就割断了精神命脉。"培育和践行社会主义核心价值观,离不开儒家优秀文化的滋养,否则,社会主义核心价值观将变成无源之水、无本之木。

从国家层面来看,社会主义核心价值观所倡导的"富强""民主",要求一切从人民的利益出发,关注民生,实现人民安居乐业。这在很大程度上是儒家传统民本思想在当今时代的升华。儒家思想中历来强调"民本"。《尚书·夏书·五子之歌》中有"民惟邦本,本固邦宁"。《孟子·尽心下》中主张"民为贵,社稷次之,君为轻"。《荀子·富国》中主张"足国之道,节用裕民,而善臧其余",认为富国的方法,在于勤俭节用,使人民富裕,而且妥善储藏多余的财物,因为只有百姓富足安康,国家才能和谐稳定。此外,社会主义核心价值观还强调"和谐",就是要恰当处理好人与人、人与自然的关系问题。儒家思想历来主张"天人合一""和而不同",强调人类活动应顺应自然规律,维护人与自然的和谐;在人与人的交往中,既要与之保持和谐友善的关系,又能坚守自己的立场。从社会层面来看,社会主义核心价值观强调致力于构建民主法治、公平正义、诚信友爱、充满活力、安定有序、人与自然和谐相处的社会主义和谐社会。

那么如何才能构建和谐的社会呢?如何协调人与社会的关系呢?对此,儒家思想文化中有诸多论述。比如,《论语》中说"己所不欲,勿施于人","己欲立而立人,己欲达而达人"。《孟子》中主张"出入相友,守望相助","老吾老以及人之老,幼吾幼以及人之幼"。可以说,这些关于"博爱"的论述,都是以"和谐"为特色的中华优秀传统文化的反映。从公民个人层面来看,儒家思想中强调"天下兴亡,匹夫有责",以国家兴亡为己任的爱国情怀;强调"天行健,君子以自强不息"的奋斗精神;强调"君子喻于义,小人喻于利"的义利观;强调"言必信,行必果","人而无信,不知其可也。大车无輗,小车无軏,其何以行之哉"的诚信思想等,对涵养社会主义核心价值观公民个人层面的主张都有重要意义。

2. 儒家优秀文化是新时代坚定文化自信的重要基石

习近平总书记明确指出,我们必须"坚定中国特色社会主义道路自信、理论自信、制度自信,说到底是要坚定文化自信。文化自信是更基本、更深沉、更持久的力量",强调"没有高度的文化自信,没有文化的繁荣兴盛,就没有中华民族伟大复兴"。可以说,坚定文化自信是一个事关国运兴衰、文化安全和民族精神独立的大问题,具有强大的价值引导力和社会号召力,能够为中华民族伟大复兴奠定坚实的基础。

当然,文化自信绝不是凭空喊出来的,其中很重要的一个前提就是来自对中华优秀传统文化,尤其是对儒家文化的自觉自知。以儒家优秀文化为代表的中华传统文化,包含着中华民族两千多年来的文化精髓,是构建中华民族精神家园的重要支撑,是坚定中华民族文化自信的重要源泉。儒家优秀文化中蕴含着丰富的思想道德资源。在国家治理层面上,儒家倡导的是德治与王道并重,希望通过德政与王道来实现国家的终极稳定。一方面,儒家主张"民惟邦本,本固邦宁",把得民心、得到人民的拥护与支持看成政治的最高境界和成就;另一方面,儒家主张"德主刑辅",认为一个好的社会治理既要靠政策法令和刑法让社会有序,也要靠道德教化引导社会规范,使人民"有耻且格"。在社会治理层面上,儒家主张"均平"思想,提出"不患寡而患不均,不患贫而患不安"的思想,其中蕴含着古代社会治理的公正意识。儒家还倡导"见贤思齐焉,见不贤而内自省也",主张要虚心向别人学习,不仅要以善者为师,而且还要以不善者为师,以他人的短处作为自己的镜子,反躬自省,从而改掉自己的缺点,不断提升和完善自己。在个人价值层面上,儒家强调"仁""义""礼""智""信""五常",其中包含了向上至善、忠诚担当、守礼笃实、克己修身等中国传统文化道德的精华,激励人们向上向善、孝老爱亲,忠于祖国、忠于人民,共同构建和谐、美好的社会;倡导孝悌忠信、礼义廉耻的荣辱观念,体现着古代中国人评判是非曲直的价值标准,潜移默化地影响着中国人的行为方式。

在传承和弘扬儒家优秀文化中坚定文化自信。坚定文化自信,不是仅仅停留在文字学习的表面,更应该深悟笃行、涵泳其中,科学地对待儒家文化。一是要坚持科学分析与扬弃继承相结合,以客观、科学、礼敬的态度对待儒家思想文化,批判地继承、辩证地吸收,从儒家优秀文化中汲取智慧和营养,为中华民族积聚绵延向上向善的力量。二要坚持挖掘阐发与保护传承相结合,进一步挖掘和阐发儒家优秀文化,系统梳理儒家思想文化资源,揭示其蕴含的根本价值追求、核心理念和思想体系。对于文物和文化遗产,既要合理利用,更要保护传承,以文字、图片、影像等多种形式对其保存和展示,让文物和文化遗产活起来。三要加强儒家优秀文化教育,把儒家优秀文化融入国民教育体系,全方位融入教育教学的各个环节,充分发挥以文化人、以文育人的功能。四要坚持面向未来、面向世界的方针,注重从本民族、实际出发,把跨越时空、超越国度、具有世界意义的文化精髓提炼出来,坚守中华文化立场,坚持中华优秀传统文化的民族性、独立性;同时加强与世界其他民族优秀文化的交流互鉴,在交流中融合、在融合中借鉴、在借鉴中发展自己。

3. 儒家优秀文化中蕴含着丰富的治国理政思想

(1)为政以德思想

我国自古就是一个重德、尚德的国家,强调为政者在治国理政实践中要恪守为政以德。《论语·为政》中说:"为政以德,譬如北辰,居其所而众星共之。"在孔子看来,为政者如果能够运用道德来治理国家,就会得到老百姓的拥戴,国家就会和谐有序。"为政以德"是中国传统政治思想的核心命题,为政者能否做到以德为政,绝非无关痛痒的小问题,而是关乎社会安定、政权稳固的大问题。

中国传统为政以德思想客观要求为政者公忠为国、立身持正、勤勉尽职、清廉俭朴、诚实守信、谦虚谨慎。"公忠为国"的前提是"公",为政者在处理利益矛盾与冲突时,必须做到以天下为公、先公后私、公而忘私。同时,还要恪守"忠诚"之道,尽心竭力、忠诚无私,要忠于国家、忠于职守、忠于信念。"立身持正",就是要修养心性,端身正行,为民众树立好的样子。孔子说:"政者,正也。子帅以正,孰敢不正?"(《论语·颜渊》)"苟正其身矣,于从政乎何有?不能正其身,如正人何?"(《论语·子路》)一个人如果端正了自己的身行,治理国家,管理政务,还会有什么困难吗?当政者如果连自己本身都不能端正,怎么能端正别人呢?"勤勉尽职",就是强调为政者要勤政守职,敬业严密,尽心尽力,认真负责,不可懈怠。当子路向老师请教如何为政时,孔子的回答是:"居之无倦,行之以忠。"在位时不要疲倦懈怠,执行政令要忠心耿耿。"清廉俭朴",就是为政者要守法、清廉。《礼记·礼运》中说:"大臣法,小臣廉,官职相序,君臣相正,国之肥也。"意思是说,大臣守法,官吏廉洁,官职有一定的次序,君臣有正常的关系,这才是健康的国家。顾炎武也说:"礼义,治人之大法;廉耻,立人之大节。"(《廉耻》)要成为廉洁的官员,就要做到"甘心淡泊,绝意纷华;不纳苞苴,不受贿赂;门无请谒,身远嫌疑;饮食宴会,稍以非议,皆谢却之。""诚实守信"是中华民族的优良道德传统。人无信不立,诚信是为人之本,也是为官之要。为官者必须取信于民众,做到表里如一,诚实守信。

传统为政以德思想,集中表达了古代中国人对官员的道德要求与期许,对于风清气正社会局面的出现起到了积极的推动作用。同时,传统为政以德思想也是涵养现代领导干部为政以德的重要思想资源。习近平总书记要求领导干部"立政德",明大德、守公德、严私德。今天,我们在加强政德建设的过程中,需要从传统的为政以德思想中汲取丰厚滋养。具体来说,一是领导干部要重视学习,不断提升自身的思想道德素质。"玉不琢,不成器;人不学,不知道。"领导干部必须重视学习,否则根本无法担当为国为民谋利益的历史重任。二是领导干部要廉洁用权,自觉接受监督。有权必有责,用权受监督。在古代社会中,上至帝王将相,下至七品知县,凡是受到百姓爱戴、传颂千古者无一不是一心向公、利国利民的。古往今来对为政者坚持廉洁用权这种精神品质的基本要求都是一致的。权力源于公共管理需要,为统治阶级所掌握,是在管理国家和社会事务过程中所施加的一种政治控制力。虽然不同时代、不同阶级对于其权力的来源有着不同的看法，但是都要求掌权者要敬畏权力，谨慎用权。《诗经·小雅·小旻》中说："战战兢兢，如临深渊，如履薄冰。"这些思想告诫领导干部应该懂得敬畏，敬畏自己的位置，敬畏手中的权力，敬畏人民的力量，谨慎用权。领导干部要谨慎用权，也要自觉接受监督，不受监督的权力就存在滥用和腐败的危险。广大党员领导干部要坚持廉洁用权，真正做到政治立场不动摇、理想信念不淡化、是非面前不糊涂、党性原则不丧失。只有这样，才能耐得住清贫，顶得住歪风，经得住诱惑，管得住自己，时刻把党的事业放在心上，把群众的事情装在心中，将广大人民的利益置于至高无上的地位。

（2）尚贤使能思想

人才是治国的基础，也是事业兴衰成败的关键。中华民族历来就有尚贤使能、尊重人才、求贤若渴、爱才惜才的传统。《荀子·君子》中说："故尚贤使能，等贵贱，分亲疏，序长幼，此先王之道也。故尚贤使能，则主尊下安。"荀子认为，尚贤使能是实现"主尊下安"的重要前提。当然，要做到"尚贤使能"，首先，须明确"贤能"的标准是什么？子贡问孔子"士人"之标准，《论语·子路》中说："行己有耻，使于四方，不辱君命，可谓士矣。"孔子认为，"士人"标准是品德与才能二者的结合，缺一不可。就品德与才能的先后关系来说，孔子把品德放在第一位，才能放在第二位。《荀子·君道》中说："故知而不仁不可，仁而不知不可；既知且仁，是人主之宝也，而王霸之佐也。"在荀子看来，只有德行而无才能，或者只有才能而无德行，都不是真正的贤能。只有二者兼备，才能担当大任，成为国家的栋梁之材。其次，"选贤"的方法是什么？一方面，要对贤能之人进行多方面考察，广泛听取意见，不能被流俗所遮蔽。当仲弓向孔子请教怎样识别优秀的人才时，孔子说："举尔所知，尔所不知，人其舍诸？"意思是说，提拔自己所知道的，那些自己不知道的，别人也不会埋没他的。另一方面，注意从社会的下层选择贤能。孟子认为一个真正的贤能之才，是需要经受各种考验和磨炼的。《韩非子·显学》中也说："宰相必起于州部，猛将必发于卒伍。"再次，如何"用贤"？从根本上说，就是要"因才任职，量能授官"。使用人才要根据能力的大小、德行的高低，区别考验后给予任用。荀子说："论德而定次，量能而授官，皆使其人载其事而各得其所宜。上贤使之为三公，次贤使之为诸侯，下

贤使之为士大夫,是所以显设之也。"(《荀子·君道》)

中国传统尚贤使能的人才思想内涵丰富而深刻,涉及人才的重要性、人才标准、人才选拔、人才使用和考核等多方面内容。从历史发展的实际来看,每一个王朝的崛起与兴盛,无不是与其尊重人才,实行贤能政治,保证优秀人才参政有密切关系。在新时代的今天,各级领导干部在选人用人时,也应该充分汲取传统治国理政思想中的"尚贤使能"政治智慧。具体来说:一要坚持"德才兼备、以德为先"的原则,做到任人唯贤、事业为上、公道正派,"既要在大事上看德,也要在小节中察德"。二要坚持"用人所长,量才授职"的原则,真正将才能、实绩作为衡量、任用人才的标准,根据不同的才能来安排适当的官职。三要坚持"用人不疑,疑人不用"的原则,对人才要以诚相见、推心置腹、肝胆相照,这样才能既调动了人才的积极性,又完成时代赋予我们的重任。

(3)居安思危思想

中华优秀传统文化中包含着安不忘危、存不忘亡、治不忘乱、居安思危的思想,具有鲜明而深刻的忧患意识。作为中国传统政治文化中一种重要的人文主义精神,忧患意识起源于周朝,在孔子和孟子那里达到了相当成熟的状态,后世的忧患意识也多是在此基础上演绎而成的。

中国传统忧患意识内涵丰富而深刻。在中国传统文化的语境中,忧患意识是一种清醒的困难和危机意识,无论是在历史转折时期,还是在社会动荡时期,这种忧患意识往往表现为对过去失败教训的反思或是对未来可能困难的预见。忧患意识是一种强烈的责任和使命意识,总是与忧患主体的社会责任感和使命感联系在一起,它不仅表现为一种居安思危的智慧,也表现为改造世界的社会责任感、使命感和自觉能动性。忧患意识不是一种消极或者消沉的意识,也不是一种灰心丧气、患得患失的意识,而是一种要在忧患中振作和奋起的意识,是一种昂然向上的进取状态。忧患意识是社会历史主体对于未来发展趋势的一种远见与超前意识,是基于将来可能会发生的危机而进一步采取积极的行动与措施的意识。忧患意识还是一种赤诚的爱国主义情怀,是中华民族爱国主义的重要内容,是一种清醒的自觉理念,激励着中华儿女为争取国家和民族的利益而抛头颅、洒热血,展现了救民族于危亡、救人民于水火的英勇无畏的精神。

忧患意识是中国传统治国理政思想的重要内容,是中华文明绵延不绝、生生不息、薪火相传的重要内在动因。今天,面对世界经济复苏乏力、局部冲突和动荡频发、全球性问题加剧的外部环境,面对我国经济发展进入新常态等一系列深刻变化,我们需要以更加深刻的现代忧患意识来迎接挑战、把握机遇、促进发展。在治国理政的实践中,广大党员领导干部一定要直面"四个考验",努力克服"四个危险",进一步增强忧患意识,切实担当起中华民族复兴的历史重任。

（4）天下大同思想

"大同"是中国古代对理想社会的一种称谓,是治国理政的重要目标。孔子在《礼记·礼运》篇中对大同社会进行了具体描绘:"大道之行也,天下为公,选贤与能,讲信修睦。故人不独亲其亲,不独子其子,使老有所终,壮有所用,幼有所长,矜寡孤独废疾者皆有所养……是谓大同。"这里所说的"大道"是一种政治上的最高理想,也是一种"放之四海而皆准"的道理或真理。

在儒家看来,大同社会是一个"天下为公"的社会。天下是天下人的天下,天下是全体人民所共有的,这个社会是为人民大众服务的而不是为个人服务的,人人都要树立公德意识。"天下为公"既是治天下、得民心的根本前提,也是儒家孜孜以求的一种理想状态,是大同思想的根本要义。大同社会也是一个"选贤与能"的社会。社会之治在人,大同社会客观上要求人们把社会上有道德、有才能的人选出来,把管理社会的重任交给他们,使之为社会服务。"选贤与能"既是"天下为公"社会的题中应有之义,也是实现"天下为公"目标的具体措施之一。大同社会还是一个"讲信修睦"的社会。在大同社会里,人们都要讲究信用,没有欺诈,没有偷盗,人与人之间、国与国之间都要和睦地、和平地相处。

可以说,儒家大同思想深刻地反映了以孔子为代表的儒家最高政治理想。在此后的发展过程中,尽管历史环境不断变迁,社会结构不断调整,但它始终是历代勇往直前的中国人所孜孜以求的理想社会目标。当然,囿于各种因素的制约,大同思想在历史上未曾真正实现过,但其中所蕴含的重要思想智慧,可以为今天的中国与世界发展提供重要启示。

大同思想与中国梦是息息相通、紧密相连的。大同思想是中国古代先民的中国梦,也是当代中国梦的重要思想资源。今天,我们要奋力实现中国梦,必须走中国道路,弘扬中国精神,凝聚中国力量。同时,它也客观上要求广大领导干部在治国理政的实践中,树立"天下为公"的思想,努力实现社会的公平与公正;要坚持立党为公、克己奉公的思想,发扬无私奉献精神;要大力倡导诚信之德,弘扬诚信之风,做到取信于民,不断提高政府的公信力等。当然,任何美好社会理想与目标的实现,都不可能是一蹴而就的,必然要经过一个漫长的历史过程。实现中华民族伟大复兴的中国梦,努力构建人类命运共同体,需要我们勠力同心,为之付出长期不懈的努力。

总之,儒家优秀文化中蕴含着丰富的治国理政思想。它体系完整、逻辑严密,涉及修身、齐家、治国和平天下的各个层面。当然,儒家优秀文化中蕴含的治国理政思想是适应古代中国社会自然经济形态而形成的,不可避免地带有一定的历史局限性,其根本目的和出发点是维护封建统治阶级的利益,它本身并不能直接孕育出当代治国理政思想。所以,今天我们应该根据时代的特点和要求对其加以现代转化,以激活其生命力。

二、中国传统体育发展进程中的儒家文化审视

随着早期人类文明的出现,原始的体育教育便随之而出现。据考古发现,陕西临潼姜寨和宝鸡北首领村聚落的"公共场所"、西安半坡氏族和秦安大地遗址聚落的"大房子",大都设在聚落的中央,其功能主要是进行集体的体育活动和以身体教育为目的的传习活动。夏商周时期,出现了专门的教育机构,如"校""序""庠"等,学生在这里学习的主要内容,包括作为战争技能的骑马、射箭和兵器击技等。春秋战国时期,随着社会的发展和私学教育的兴起,"学在官府"逐渐被"学在四夷"的局面所取代。此时,许多士人出于各种合纵连横的目的而奔走于各国之间。由于交通很不发达,面对崎岖的道路、凶猛野兽的出没,加之流寇的袭扰,他们不仅要具备丰富的知识,还要拥有坚忍的意志和强健的体魄。所以,无论是官学还是私学都十分重视体育。

(一)中国古代体育教育的儒家文化滋养

1. 先秦时期的体育教育

春秋战国是列国纷争的时代,也是中国文化史上的第一个大发展时期。此

时的中国社会,一大批文化巨擘,如老子、孔子、墨子、孟子、庄子、荀子、韩非子等,崛起于社会的各个阶层,创立了一个又一个开物成务的学派,如道家、儒家、墨家、法家等,树立起一座座仰之弥高、钻之弥坚、令人难以企及的思想丰碑。

在众多的思想流派中,儒家在孔子、孟子、荀子等思想家的推动下,成为一种“显学”,成为整个“轴心时代”的“轴心”。儒学是一种“修己安人”之学,也是“内圣外王”之学。所谓“修己”,就是通过学习古典知识和礼仪,来提高自己的道德与人文素养的自我实现;所谓“安人”,就是自己以高尚的德行教化与感染他人,使共同走向善道的他人之自我实现。孔子提出的“内圣外王”思想,具体体现在《大学》所确立的格物、致知、诚意、正心、修身、齐家、治国、平天下“八条目”之中,通过八个步骤来实现儒家的“内圣外王”。

孔子所处的春秋时代,社会内部不可调和的矛盾引起的深重危机,极大地撼动了传统文化的权威性,对传统文化的怀疑与批判精神与日俱增,就连“祖述尧舜,宪章文武”的孔子也不能不把当时所处的时代精神融入自己的思想体系中,并对传统文化加以适当改造,以便在社会实践中建立一种新的和谐秩序和心理平衡,这种情况到了大变革的战国时期显得尤为突出,因为人们在崩塌的旧世界废墟上已经依稀看到了冲破旧尊卑等级束缚的新时代的曙光。未来究竟什么样成了举世关注的大问题,并且在思想界引起了一场百家争鸣式的大辩论。当时,代表社会各个阶级、阶层利益的诸子百家,纷纷提出各自的主张,其中一个最主要的争论焦点就是如何对待传统文化的问题。围绕这个问题而展开的思想交锋,儒家、法家两大思想流派最有代表性。此外,还有墨家、道家、阴阳家、兵家等学派,可谓学派林立。

儒家十分重视体育教育。据《史记•孔子世家》记载,孔子主张“有文事者必有武备,有武事者必有文备”,提出了“文武兼备”的教育思想。当时学校教育的内容中主要有礼乐射御书数“六艺”,其中的射和御都是体育教育的内容。其实,这里所讲的“礼”,不仅是“六艺”之一,而且被排在了“射”与“御”之前,意味着孔子儒家已经将体育活动和礼教德治联系在一起了,使体育具有了人文精神。孔子在观看乡射礼时说道:“射之以礼乐也,何以射?何以听?修身而发,发而不失正鹄者,其唯贤者乎?”可见,体育活动与人的道德修养也是分不开的。孔子将道德修养融入体育运动之中,所以体育运动也必然具有道德的内涵,体育比赛也必然要有体育比赛的道德规则。孔子认为:"君子无所争,必也射乎! 揖让而升,下而饮,其争也君子。"在这里,孔子既肯定了体育比赛中的"争",也要求了体育比赛中的"礼"。也就是说,体育比赛应是一种"君子之争",这就赋予了体育比赛过程以更高境界的道德内涵。

孟子继承了孔子的体育思想,教授学生的科目内容也是"六艺"。孟子认为射御之事与仁义等同,主张"仁者如射","射者正己而后发,发而不中,不怨胜己者,反求诸己而已矣",提出了体育运动的原则追求——正己从事,不怨他人。孟子所讲的"射者正己而后发",强调的就是射箭者要刻苦训练,有高超的技艺,而且要目标明确,镇静自若,然后控弦发箭;所讲的"发而不中,不怨胜己者,反求诸己",就是射箭不中不要抱怨竞赛得胜的对手,要从自己方面找原因,或技艺不精,或气力不足,或判断失误等。

孟子还主张体育教育要遵循规范,严肃认真。《孟子·告子上》中说:"羿之教人射,必志于彀,学者亦必志于彀。大匠诲人必以规矩,学者亦必以规矩。"孟子这里所说的"志于彀",就是要全神贯注地拉满弓。对于拙笨之人,孟子主张任其自然,不求全责备,但技术标准毫不减损,以待能者。《孟子·尽心上》中说:"大匠不为拙工改废绳墨,羿不为拙射变其彀率。君子引而不发,跃如也。中道而立,能者从之。"意思是说,高明的工匠不会因为拙劣的工人而改变或者废弃规矩,也绝不会因为拙劣的射手而改变拉弓的标准。君子张满了弓而不发箭,只做出要射的样子。他恰到好处地做出样子,有能力学习的人便跟着他做。孟子如此恪守技术标准,一方面使拙者免于其难,另一方面又给能者预留了成功的机遇。此外,孟子还提出了"贵在参与,不责成败","忧民之忧,节制游乐"等体育思想,把体育运动和忠孝、信义、仁恕等伦理道德规范结合起来,使人们感受到体育的浓重人情味。

在继承孔子全面教育思想基础上,荀子进一步突出了体育教育的内容。《荀子·儒效》中说:"人有师有法而知,则速通;勇,则速威;云能,则速成;察,则速尽;辩,则速论。故有法者,人之大宝也;无师法者,人之大殃也。"在荀子看来,儒家学习者除了要"有师教,知法度"外,还应具备"知""勇""云能""察"和"辩"等方面的素质。荀子认为,通过"勇"的教育可以培养一个人的胆量和力气,使其很快成为令人敬畏的勇士和具有征服他人的力量。

荀子在教育中非常重视习行。《荀子·儒效》中说:"不闻不若闻之,闻之不若见之,见之不若知之,知之不若行之,学至于行之而止矣。"意思是说,没有听到的不如听到的,听到的不如见到的,见到的不如了解到的,了解到的不如去实行,学问到了实行就达到了极点。可见,荀子把是否能"行"看作真知的标准,在体育教育方面更是离不开习行。《荀子·劝学》中说,"百发失一,不足谓善射;千里跬步不至,不足谓善御"。射了一百箭而有一箭未中,不足以称为善射者;千里跬步而不能到达的,不足以称为善于驾车者。在荀子看来,武艺技术上差一点也不行。《荀子·解蔽》篇中还说:"倕作弓,浮游作矢,而羿精于射;奚仲作车,乘杜作乘马,而造父精于御。自古及今,未尝有两而能精者也。"倕制造了弓,浮游发明了箭,而羿善于射箭;奚仲制造了车,乘杜发明了用四匹马拉的车,而造父精通驾车。自古及今,还从来没有一心两用而能专精的人。同样,荀子对武艺训练的精与专也都是极为重视的。此外,荀子还倡导快乐体育,提出了"养备而动时"的体育"动养"观。如《荀子·天论》就说:"强本而节用,则天不能贫;养备而动时,则天不能病;修道而不贰,则天不能祸。"衣食给养齐备而且活动适时的话,那么上天就不能使他生病;遵循规律而不出差错,那么上天就不能使他遭殃。

2. 汉唐时期的体育教育

汉代以后,随着外部威胁的逐渐减弱,加强中央集权统治成为统治阶级的首要任务。汉武帝采纳了董仲舒建议,实行"罢黜百家,独尊儒术",社会上"重文轻武"之风由此而开始。汉代的儒生提倡"去武行文,费力尚德",主张以经学取仕。所以,汉代官学中几乎完全排除了"武艺"的教学内容。但是,当时的贵族阶层普遍喜好骑射,并依此而建立起强大的庄园武装,使得地方势力膨胀。当然,崇尚武力之风也使许多平民因此而拥有强健的体魄和坚强的性格。

同时,在重生、贵生基础上,儒家还提出了"全身保性"的思想,重视养义与养气。董仲舒在《春秋繁露·身之养重于义》中说:"义者,心之养也。利者,体之养也,体莫贵于心,故养莫重于义,义之养生人大于利。"在董仲舒看来,人生来就是义利两存的,二者缺一不可。没有义,则心不得安乐;没有利,则无以养身体。故人生而求利也是上合天理、下合人情。但二者又是有分别、有轻重的。因为"体莫贵于心",所以"养莫重于义"。在《春秋繁露·循天之道》中,董仲舒又提出"故养生之大者;乃在爱气,气从神而成,神从意而出,心之所之谓意,意劳者神扰,神扰者气少,气少者难久矣;故君子闲欲止恶以平意,平意以静神,静神以养气,气多而治则养身之大者得矣"。在这里,董仲舒认为养生的关键在于爱护精气。气随着精神而形成,精神随着意念而产生。心的运动叫"意念"。意念劳累,精神就扰动,精神扰动,精气就减少,精气减少的人就难以长久了,所以君子欲望少,制止恶行,以此使意念平定从而使精神安静,使精神安静从而保养精气,精气多而且稳定,那么就得到了养生的关键。

魏晋时期,世家门阀大族控制了当时的政权,几乎垄断了各级主要官职,普通庶族阶层凭军功进入士大夫阶层的路径几乎被截断。因此,提倡享受、崇尚空谈成为士大夫阶层的普遍风气,玄学成为学校教育中最主要的内容,崇尚武力的竞技体育从教育中近乎消失。南北朝时期,由于民族矛盾的进一步激化以及北方剽悍的少数民族的文化融入,"重文轻武"的风气得到了一定的抑制。崇尚武艺和军功重新成为社会风气的主流。

隋唐时期是中国封建社会最为繁盛的时期,不仅体现在经济文化上,也体现社会生活的各个方面。南北朝时期的民族大融合,直接促进社会风气的转变。隋唐时期,国内各民族文化有机融合趋势进一步加强,崇尚豪侠勇武之风盛行,马球、步打球、竞渡、拔河、角抵等富有对抗色彩的体育项目盛极一时。角抵从"百戏"中逐步分化出来,成为一个独立的体育项目。隋炀帝就曾组织全国性的角抵会演,其内容之丰富、规模之盛大,"旷古莫俦,振古无比"。唐代,人们并不满足于"并四夷之乐,杂以奇幻,有若鬼神"的重在表演的角抵戏,而注重于能"宣勇气,量巧智","决胜负、骋矫捷,使观之者远怯懦,成壮夫"的竞技性角抵。学剑行侠也成为一时风尚。比如,诗人李白本身就喜好舞剑和远足。边塞诗派的兴起,也充分反映了当时知识分子不仅喜爱文学,也同样崇尚武功。武则天设立武举制度,不仅反映了当时统治阶级对人才需求规格的变化,也间接地反映了学校教育内容中体育项目的兴盛。但是到中晚唐时期,由于保持了长时间的和平时期,统治阶级从崇尚武功向追求安逸的方向发展,而马球、角抵、剑器等也向观赏化发展,导致了社会文化的趋向发生根本性变化。豪放粗犷的边塞诗歌不再是社会欣赏的主流,清丽婉约的诗词成为社会文化的新宠,入仕标准也随之发生质的变化,这直接导致了竞技性体育的再次衰落。

3. 宋元明清时期的体育教育

北宋时期,统治者对于北方的少数民族基本处于守势,而对于国内的阶级矛盾则采取严厉的镇压方式。尽管在北方边境地区,有少数的民间自卫组织,但朝廷并不予以支持。政府的轻武政策和缺乏积极的建设,导致宋代竞技性体育项目进一步衰退,盛极一时的马球等项目逐步湮灭。程朱理学的兴起,则进一步抑制了社会体育文化的发展。程朱理学重视修养工夫,重读书而轻实践,重静坐而轻活动。这不仅严重阻碍了社会体育和学校体育的发展,也加快了社会重文轻武观念的进一步发展。

元代时期,蒙古族统治者实行民族压迫政策,禁止开展与练武有关的体育活动。据《元史·刑法志》记载:"汉人持兵器者禁之。……匀用角抵之戏,学攻刺之术者,师弟子并杖七十七。"类似的法律规定,在很大程度上阻碍了竞技类体育在社会上的发展,对于学校体育的发展也同样起到制约作用。

明清时期,除个别项目,如球戏逐渐衰落外,大多数项目如武术、摔跤、冰嬉、围棋等均有发展和提高。明清农民起义连绵不断,特别是明代多次大规模的农民战争,彻底冲破了不许民间练习枪棒的禁令,出现了武艺大发展、大提高的盛况。

武术运动从"招招必须临阵实用"的局限性超脱出来,产生了既保留攻防技击内涵,又有利于全面健身,兼有引人入胜的优美形态的套路形式和相对完整的武术体系。一是建立了特定内容的武术系统,对形形色色的拳械之术综合并归,统称十八般武艺,根据拳法的不同内容与风格,形成"内家"和"外家"两大流派。清初学者黄宗羲在他写的《王征南墓志铭》中说:"少林以拳勇明天下,然主于搏人,人亦得以乘之,有所谓内家者,以静制动,犯者应受即仆,故别少林为外家。"二是形成了比较完整的技术结构。拳械武术,有各种招式形成并定名,多完成于明代。比如,戚继光《纪效新书·拳经捷要篇》中记载拳法三十二势,《纪效新书·剑经》中有棍法十四势均为常用之招式。三是总结了较丰富的理论。历史上长期的实践经验,为明清的武术理论提供了坚实的基础,总结出练习武术由拳法入门,强调套路演习的重要性,武术家程斗在《单刀法选》中说:"以前刀法,招招皆是临敌实用,苟不以成路刀势演习精熟,则持刀运用……犹恐制敌之掣肘,故列成套路刀法一图。"

清代的著名教育家颜元,从"目击身尝"中深刻体会到宋明理学是"害心""害身""害国"之学,一直提倡"文武相济""兵学合一",全面发展。他说"一学校也,教文即以教武",培养出来的人平时能"修己安人",战时可以"执干戈,卫社稷"。在学校体育教育实践中,他主持河北肥乡漳南书院时,专门设立了武备斋,经常教弟子们"举石""习刀""超距""击拳"和兵法、战法、射御、技击等。颜元的学生李塨,继承、补充和传播了颜元的教育思想,十分重视军事体育在学校教育中的地位。颜李学派的体育思想与实践对近代中国学校体育教育的发展影响巨大。近代学者梁启超曾称赞说:"中国两千年来,提倡体育的教育,除颜习斋外,只怕没有第二人。"

(二)中国近代体育教育发展与儒家文化渗透

1840年鸦片战争的爆发,极大地震撼着古老的中华大地。面对"数千年来未有之变局",闭关锁国的大门不得不向西方列强敞开。此后,中国社会性质开始变化,并逐渐对教育变革产生重大影响。近代教育开始兴起,一批具有现代意义的新式学校诞生,包括教会学校、洋务学堂和普通新学堂。西方体育活动陆续出现在这些学校之中,标志着中国近代学校体育开始孕育萌芽。

1.中国近代学校体育的萌芽

教会学校是西方体育在近代中国社会传播的重要载体和途径。教会学校移植了西方近代的教育思想与实践,大都较为重视体育,把体育视为对教育对象实施教育的重要环节来看待。教会学校多以课外体育活动为主,活动时间相当充足,内容十分丰富。当然,也有专门体育课程的开设,如山东登州文会馆(1864年)设有体操(体育)课程,1894年上海圣约翰书院开设了兵式体操课,每周上操两次。

洋务派创办的洋务学堂是职业学校,在当时并非主流教育,但洋务学堂的体育活动具有明显的军事色彩和专业特征。其课程设置大多仿照外国同类学校,聘请外国教师,一般都设有体育课(当时称为体操课),具体包括击剑、刺棍、木棒、哑铃、足球、跳栏、跳远、跳高、爬桅等。以天津北洋西学堂(1895年)、上海南洋公学(1896年)、湖南时务学堂(1897年)、京师大学堂(1898年)等为代表的普通新学堂,在体育教育方面也进行了有益探索,为近代学校体育的诞生打下了重要基础。京师大学堂的课程设置仿照西方国家,分普通学科和专门学科两类。普通学科通习课程共十科,体操为其中之一,是全体学生的必修课。体操课的教学由中外教习兼授,教学内容、课时安排都有明确规定。学生上课时要穿专用操衣、操帽、操鞋,均由国家统一发放,冬夏两套。

　　1901 年,清政府实行“新政”,其中一项重要内容就是改革教育。1902年,张百熙被任命为管学大臣,他主持拟定了《钦定学堂章程》(又称“壬寅学制”)。“壬寅学制”规定体育(当时称体操)是各级各类学校的必修课程。在高等学堂或大学预科阶段,学制为三至五年,设政治、文学、格致、农业、工艺、商务、医书七科,各科下又分为若干专业。其均设体操课程,内容为兵式体操,每周两学时。“壬寅学制”将体育作为必修课程纳入学校教育体系,可见体育已受到清廷的重视,将其视为教育不可缺少的环节。

2. 中国近代学校体育的发轫期

　　在《钦定学堂章程》确立后不久,1904 年我国第一个新教育学制《奏定学堂章程》(又称“癸卯学制”)颁布实施。“癸卯学制”以普通教育为主干,主干之外设有实业教育、师范教育两个旁支。无论是主干的普通教育还是旁支的实业教育、师范教育,都设有体育课,且对同级学校体育课的规定和要求是相同的。其中,高等学堂或大学预备科,招收普通中学堂的毕业生,学制三年,其教育宗旨是“令普通中学堂毕业愿求深造者入焉,以教大学预备科”,设体操课,教学内容主要为普通体操、兵式体操。按照“癸卯学制”的规定,大学堂普遍设置了体操课。如南洋公学的体育课,每周二三次,主要进行军事操练。天津高等学堂有每周三学时的兵式体操,大专预科班有每周两学时的兵式体操。兵式体操主要是“立正”“稍息”“看齐”及各种转法、步伐、队列、队形变换等。但是,“癸卯学制”并未对课外体育活动做出具体要求和规定,因而各学校“自作主张”,各项体育活动不可谓不丰富,涉及田径、球类、武术等多种。

　　体育师资培训制度是中国近代学校体育具体实施的重要标志。《奏定学堂章程》颁布后,新学堂的增加、学生人数的激增及体育科作为各级学堂的必修科,使得体育师资的来源就成了这一时期的突出问题。1906 年清廷学部通令全国各省于省城师范学堂“附设五个月毕业的体操专修科,授以体操、游戏、教育和教授法等,以养成小学体操教习"。早期的体育师资教育主要是由一部分留日学生回国创办的,其教育形式主要包括短期体育教师训练班、传习所、公私立体育专门学校和体育专修科等。这些学校的性质主要包括官方体育学堂、团体或个人兴办的体育学校和民主革命党人兴办的体育学堂。这一时期,较具代表性的体育教育家有在浙江绍兴创办大同师范学校的徐锡麟、陶成章,在上海创办中国体操学校的徐一冰、徐傅霖和在上海创办中国女子体操学校的王季鲁与徐傅霖等。然而,由于受到当时各方面条件的限制,这些体育学校输送的学员,多数是一年半载速成的,质量不高,数量有限,但对近代学校体育实践的发展也做出了一定贡献。

运动竞赛的举办为新兴学校体育的发展创造了条件。在近代学校体育的实施过程中,除了以培训师资充实新兴学校、提高教学质量外,各级各类学校还不断举办各种校际的运动会。比如,1898 年由北洋大学总办王绍权和总教习英国人丁嘉立倡议,举办了中国近代历史上最早的校际运动会。由于沿海地区与海外交往比较便利,所以学校体育的发展也较迅速。在他们的推动下,校际运动会渐多,项目也增加。如 1903 年举行的"烟台阁滩运动会"和 1906 年的湖南长沙运动会,增加了武术表演。1907 年在南京举办号称"江南第一次联合运动会"的"宁垣学界第一次联合运动会",则是当时中国规模最大的一次校际运动会,共 80 余校参加,有游戏、体操类项目等 69 个项目。

近代学校体育在中国的实践,标志着中国学校体育教育发展进入了一个新阶段。从师资培训到运动竞赛的开展,在内容和形式上虽然大多学瑞典、德国、日本,目的也是"尚武""强兵",但活动中开展的一些田径和球类运动逐渐使中国近代体育完善起来,为中国近代学校体育发展创造了条件。

3. 中国民国时期学校体育的发展

1911 年 10 月,辛亥革命推翻了清政府,结束了在中国延续了两千多年的封建帝制。中华民国临时政府成立,新的民国教育部颁布了《普通教育暂行办法》《普通教育暂行课程标准》等法令。1912 年 9 月,又公布了新学制"壬子学制"。在新学制中,把学堂改称为学校,学制比清末的"癸卯学制"缩短了三年,规定男女有受平等教育的机会。它与教育部公布的各级学校法令一起对各级学校的体操做了规定:小学学制分为初等小学四年,高等小学三年。初小设七门课程,其中有一门为体操课,一二年级的体操课和唱歌合并,每周四小时;三四年级体操课每周三小时;高等小学体操课各学年均为每周三小时。

对于体操课内容,规定初等小学宜授游戏,渐及普通体操;高等小学宜授普通体操,加时令游戏,男生加授兵式体操;中学学制四年,开设体操课,男生每周体操课三小时,女生每周体操课两小时。从上述各体操课的内容看,学校体操仍沿袭清末的规定,政府的教育宗旨仍重视军国民教育。随着西方传入的各种竞技运动项目在课外的广泛开展,内容增加了田径和球类运动。这样,教育部明文规定了在学校课外设立体育活动和组织运动竞赛,田径、球类等运动在课外有了合法地位,在学校中迅速发展起来。可见,"壬子学制"对当时学校体育的发展起了一定的推动作用。

当然,西方体育的强势进入给中国本土的传统体育带来极大冲击,致使中国传统体育陷入了前所未有的困境。中国一些体育界人士,开始对中国传统体育的发展进行反思。他们从固有的传统体育文化观念和伦理价值中寻求答案,称赞中国传统体育与西方竞技体育相比优点良多。1911年《教育杂志》上发表的一篇文章中写道"拳艺者,体育之最上乘也……后之学者,倘能与前人所发表者推讨之,张大之,使我国尚武之风复振于今日。庶几,泱泱大风之中国,不与黑奴红种相灭绝……中国之击剑、枪术、弓法、骑法等为最佳运动",主张用中国传统武术取代学校体操课上的西洋体操。1915年《教育杂志》上又发表了一篇文章,将西方体育和中国传统体育进行了比较,认为西方体育只是"博大众之称誉或图一时之悦乐"的"形式体育",中国传统体育"目的本不专在改良形体"还兼有实用价值,即"无事则为强健之劳动者,有事则为强健之军人斯",主张从传统体育形式中选择拳术、击剑等兼具武艺效果的运动方式。

著名体育教育家徐一冰对中国传统体育也持肯定态度,提议自高等小学第三学年起,将传统武术加入体操课内。1914年,徐一冰在《整顿全国学校体育上教育部文》中呼吁将武术列为高等小学、中学、师范学校的体育课内容。1915年4月,全国教育联合会召开第一次会议,通过了《拟请提倡中国旧有武术列为学校必修课》的议案,教育部当即明令"各学校应添授中国旧有武技,此项教员于各师范学校养成之"。从此,源远流长的中国武术确立了在现代教育中的地位,正式进入学校。1918年,第四次全国教育联合会以及中学和专门学校校长会议提出"推广新武术"的决议,把武术列入中等以上学校的体操课程。

体育教育家马良先生,自幼习武,清朝末年先后在山西武备学堂、直隶陆军速成学堂、陆军讲武堂教授武术、摔跤。1911年,马良邀集了一些武术名家出版了教材《中华新武术》。1914年,他在担任陆军第47旅旅长兼济南卫戍司令时,再次广邀各派武术名家修订了《中华新武术》。1918年10月,民国教育部将该书列为全国各中学正式武术教材,1919年秋,通令全国施行。《中华新武术》包括摔跤、拳脚、棍术、剑术四科,主要包括武术的基本动作、基本技术及练习武术必备的身体素质等内容。

1913年,北洋大学将武术作为体育课内容之一,聘请天津著名武术社团"中华武士会"的李子扬为教员,讲解刀、剑、拳、棒等武术项目。教育部明令开设武术课后,北洋大学一如既往。南开中学在1916年增设了武术课,聘请津门武术名家、中华武士会的韩慕侠为武术教员。除课程时间外,业余跟从韩慕侠练习武术的学生有数十人。当时,在那求学的周恩来也在其中。后来,李昭荫接替韩慕侠受聘于南开中学,在学校创立了"广武学会"。

南洋大学堂大力开展武术活动。1912年,学校正式成立了技击部。1914年以前,因频繁更换教练,技击活动鲜有成效。1914年始,著名武师刘震南在该校任教长达10年。他因材施教,以健身自卫为主传授武术,使南洋大学的技击活动大有进展,以致1915年起技击被纳为校运动会的比赛项目。1920年春,技击部同学已增加到200余人,分为甲、乙、丙、丁四组开展教学和活动。南洋大学校友朱麟五在《南洋公学技击简史》中回忆道:"1921年,交通大学上海学校主任张剑心主持校务时,竭力提倡国术,添置大批器械,成立技击部会集室,陈列武器图书,派专人维修管理,……学生穿着轻便威武;严格训练,分组比赛,发给金、银、铜牌或武字别针等奖品,可算全盛之时。1922年又编写《技击部十周年纪念册》,阐述母校的10年练拳历史,提倡普及国技。是年夏天,又应上海沪江大学化装演讲团之请,选派华寿奎、朱维铨、朱麟五、费福寿、邱诸联、施洪熙、刘世恒、吴伯翰、陈应星、陆定一共11人前往无锡参加宣传爱国主义的表演,表演各项创新节目,场面盛况空前,当地各报对南洋武术评价很高。余昌南等11人前往无锡参加宣传爱国主义的表演,表演各项创新节目,场面盛况空前,当地各报对南洋武术评价很高。"

　　总的来说,近代西方体育传入的过程中,中国传统体育发展受到极大冲击和挑战,甚至面临崩溃边缘。中国传统体育是中华民族的重要标识,集中体现了中国传统文化的内核,是中华优秀传统文化的重要遗产,应加倍珍惜。由于受到时代大环境的影响,近代学校体育在初始阶段一味推崇西方体育,将传统体育排斥在外。后来在争议声中,中国传统体育终于争得一席之地,在学校中传承,成为学校体育的有效部分。但是,中国传统体育在很长一段时期内一直在学校内处于边缘地带,地位尴尬。其实,中国传统体育有其不可替代性,与西方体育完全可以相辅相成。如今,学校教育成为传承和弘扬传统体育极其重要的途径与渠道,体育教学内容的民族性和乡土性应进一步开发,教材内容的传统特色需要进一步加强。美国著名体育家麦克乐在 20 世纪 40 年代就明确讲过:"中国旧有的体育,有它的价值在。"此话今日看来仍然适用。如何把握好传统与现代之间的关系,使我们引以为自豪的优秀传统体育与西方体育兼容与互补,需要我们进一步探索。

第二章

儒家优秀文化融入高校公共
体育课教学的价值意蕴

中华优秀传统文化是中华民族传承和发展的根本所在。包括儒家文化在内的中华优秀传统文化是中华民族不断发展和前行的根本和精神命脉,是中国人的思想和精神内核,是中华民族生生不息、发展壮大的文明之泉和智慧之源。在新时代的今天,我们不仅不能丢掉优秀传统文化,而且要传承和发展中华优秀传统文化。高校公共体育课教学是高等教育的重要组成部分,也是实现以"体"育人的根本途径。因此,把儒家优秀文化融入新时代高校公共体育课教学中,有助于中华优秀传统文化的传承与弘扬,也有助于增强高校公共体育课教学的实效性,更好地落实立德树人的根本任务。

一、传承和弘扬中华优秀传统文化的客观要求

中华优秀传统文化是中华民族在长期共同生活和生产中积淀而成的精神财富,是凝聚民族认同的"共同记忆",也是中华民族赖以生存、共同生活、共同发展的根脉和灵魂,对延续和发展中华文明、促进人类文明进步具有重要作用。

(一)中华优秀传统文化是中华民族的"根"与"魂"

党的十八大以来,习近平总书记多次强调指出,中华优秀传统文化是中华

民族的"根"与"魂"。2012年12月,习近平总书记在广东考察工作时谈道:"我们决不可抛弃中华民族的优秀文化传统。恰恰相反,我们要很好地传承和弘扬,因为这是我们民族的'根'和'魂',丢了这个'根'和'魂',就没有根基了。"2014年12月,在澳门特别行政区第四届政府就职典礼上,习近平总书记又强调指出:"泱泱中华,历史悠久,文明博大。中华民族在几千年历史中创造和延续了中华优秀传统文化,是中华民族的根与魂。""根",顾名思义就是根本、根基、根脉,回答的是我们"从哪里来"的问题,以及我们的源头和发轫之处在哪里。所谓"魂",就是灵魂、魂魄,强调的是文化对一个国家、一个民族发展的重要精神意义与价值。在世界四大文明古国中,唯独中华文明绵延不绝、薪火相传,不曾中断,其根本原因在于它根植于源远流长、博大精深的中华传统文化沃土之中。

唐代魏徵在《谏太宗十思疏》中讲"求木之长者,必固其根本;欲流之远者,必浚其泉源",意思是说,要想使树木生长得茂盛,必须稳固它的根部,因为根深方能叶茂;要想让水流潺潺,经久不息,必须疏通它的源头,源远才能流长。对于一个国家和民族的发展而言,更是如此。我们必须清楚我们是谁,我们从哪里来,我们要到哪里去,正所谓"一个不记得来路的民族,是没有出路的民族"。如果不懂甚至有意模糊自己的来路,那么这个国家、民族是根本立不起来的,也是没有希望的,更不可能发展起来。树高千尺总有根,江河万里也有源。试想,一个国家、一个民族的发展,如果失去了文化与精神的支撑,那它也就失去了"灵魂",而仅仅是一个空洞的"躯壳"。

1. 中华优秀传统文化是中华民族"根"之所在

文化作为一个民族的精神记忆,是本民族自我确认、自我阐释、自我表达的一种符号系统,表征着这个民族共有的归属感、认同感和凝聚力。中华民族在长期的发展过程中,历经磨难而百折不挠、生生不息,一个很重要的因素在于中华儿女创造了饱蕴中华民族思想精髓和价值追求的灿烂文化,创造了璀璨夺目的中华文明并在此基础上形成了强大的民族凝聚力。

中华优秀传统文化既是中华民族生生不息、发展壮大的文化基础,也是民族团结的重要桥梁与纽带,成为中华民族具有强大生命力和凝聚力的根脉。其实,中国传统文化的独特价值体系,在轴心时代就已基本定型,在几千年的历史传承中逐渐积淀而成,其文化基因代代相传,深深植根于中国人内心,潜移默化地影响着中国人的思想方式和行为方式。比如,中国传统文化强调"天行健,君子以自强不息","苟日新,又日新,日日新",体现的是刚健有为的人生观,展现的是一种奋发有为、追求进步、自我更新、不断成长的人生态度;强调"地势坤,君子以厚德载物",深刻诠释了中华文明海纳百川、包容万物的气度,展现了中华民族包容开放的文化观;强调"穷则变,变则通,通则久"的主张,代表了中国人对社会发展规律的认识,体现了中国人理性务实的发展观。这些自强不息、奋发有为的精神,无不体现着中华优秀传统文化的思想特质和价值追求,蕴含着中华民族独特的文化基因和精神标识,成为中华民族生生不息、绵延不绝、发展壮大的重要精神支撑。

时至今日,中华优秀传统文化中蕴含的丰富哲学思想、人文精神和道德观念等,仍在深刻影响着中国人的价值观、人生观、世界观和行为方式。比如,"崇德向善、尊老爱幼、睦邻友好"等观念自古传承至今,"人与自然和谐共生"蕴含着古人"天人合一"的思想,"构建人类命运共同体"理念与"天下一家"的内涵一脉相承,等等。可以说,中华优秀传统文化是中华文明的智慧结晶和精华之所在,是中华民族的根与魂,也是中国在世界文化激荡中站稳脚跟的根基之所在。

实现中华民族伟大复兴需要以中华文化的繁荣兴盛为前提。源远流长的中华文明是中华文化创新的宝藏。在向着第二个百年奋斗目标奋进的新征程中,我们必须坚持守正创新,不断从中华优秀传统文化的宝藏中挖掘出能激发出全民族的文化创造活力资源,挖掘出中华优秀传统文化的当代价值和全人类的共同价值,不断推动中华优秀传统文化的创造性转化和创新性发展,使中华文化在新时代中展现出永久魅力和时代风采。

2. 中华民族精神是中华民族"魂"之所系

人无精神不立,国无精神不强。精神是一种理念、一种力量,也是一个民族赖以长久生存的灵魂。精神的力量是无穷尽的,它引领人昂扬向上,感召人发愤图强,激励人勇毅前行。几千年来,中华民族能够生生不息、薪火相传,其根本就在于中华民族有一脉相承的精神追求、精神特质、精神脉络和精神创造。

1902 年,梁启超在《新民之议》一文中就指出:"凡一国之能立于世界,必有其国民独具之特质。上自道德法律,下至风俗习惯、文学美术,皆有一种独立之精神,祖父传之,子孙继之,然后群乃结,国乃成。"中华民族精神是中华民族在漫长的社会历史发展过程中逐步形成的,既是中华各族人民社会生活的反映,也是中华文化最本质、最集中的体现;既是各民族生活方式、理想信仰、价值观念的文化浓缩,也是中华民族赖以生存和发展的精神纽带、支撑和动力。

中华民族精神内蕴丰富、博大精深。它以爱国主义为核心,包含了"舍生取义"的英勇献身精神、"居安思危"的忧国爱民精神、"天下为公"的无私奉献精神。它以自强不息为重要动力,包含了"匹夫不可夺其志"的独立自主精神、"克勤克俭"的勤劳俭朴精神、"革故鼎新"的改革创新精神,充分揭示了中华民族生存发展的动力来源;以人本和谐为目标,包含了"厚德载物"的宽厚包容精神、"内圣外王"的和谐社会精神以及"天人合一"的道法自然精神等内容。

中华民族精神以其独特的个性和鲜明的特色而著称于世,体现着中华民族爱好和平之"魂"、崇尚自然之"魂"、注重和谐之"魂",演变成一种文化特质传承下来,凝聚成中华民族的精神命脉,是我们在世界文化激荡中站稳脚跟的坚实根基。

在新时代的今天,积极构筑中国精神,可以为中国道路提供精神力量。任何一种发展道路都离不开精神力量的支撑。实践表明,中国特色社会主义道路符合中国国情,是实现社会主义现代化、创造人民美好生活的必由之路。中国道路具有丰富的创新内容,受到全世界的广泛关注。要把这条道路坚定不移地走下去,需要中国人民持久地发扬中国精神。只有胸怀梦想、敢于创造、团结合作、不懈奋斗,中国道路才能不断取得成功,并彰显自身的世界意义。

在新时代的今天,构筑中国精神,可以为中国智慧和中国方案提供精神内核。改革开放以来,中国的发展成就举世瞩目,日益走近世界舞台的中央。中国共产党不仅为中国人民谋幸福,而且也为全人类的进步事业而奋斗。中国共产党领导下的中国找到了一条适合自己的现代化发展道路,同时也努力为解决人类共同面对的问题贡献中国智慧和中国方案。中国智慧和中国方案绝不是单一的经济、政治层面的,思想、观念、价值观的层面也不容忽视。而中国精神,正是中国智慧和中国方案的关键内核。只有构筑中国精神,我们才有能力为世界做出更大的贡献。

伴随着我国经济社会发展与中华民族伟大复兴进程的持续推进,中国人的文化自信不断增强。但是,思想文化领域也存在着一些值得特别需要警惕的倾向。比如,有些人一味地否定中华传统文化,文化虚无主义也还不时泛起;有些人唯洋是举,成为"西方文化优越论"的奴仆。与此同时,一些西方国家也在不遗余力地对我国进行文化渗透。可以说,要想消除这些忘掉民族根基、丧失文化自信的错误倾向,我们就必须大力传承和发展中华优秀传统文化,守护好中华民族的"根"与"魂"。如果不能传承发展中华优秀传统文化,我们就难以实现文化自强,中华民族伟大复兴也就会失去"根"与"魂"。

(二)深入开展中华优秀传统文化教育意义重大

中华文化源远流长,灿烂辉煌。在五千多年文明发展中孕育的中华优秀传统文化,积淀着中华民族最深沉的精神追求,代表着中华民族独特的精神标识,是中华民族生生不息、发展壮大的丰厚滋养,是中国特色社会主义植根的文化沃土,是当代中国发展的突出优势,对延续和发展中华文明、促进人类文明进步,发挥着重要作用。深入开展中华优秀传统文化教育,引导大学生更全面准确地认识中华民族的历史传统、文化积淀、基本国情,对于认清中国特色社会主义的历史必然性,坚定社会主义文化自信,构建中华优秀传统文化传承体系,推动优秀传统文化的传承创新等都有重要的价值意义。

1.加强中华优秀传统文化教育,有助于深化新时代大学生对中国特色社会主义的认同

习近平总书记强调,"当代中国是历史中国的延续和发展,当代中国思想文化也是中国传统思想文化的传承和升华","中国特色社会主义文化,源自于中华民族五千多年文明历史所孕育的中华优秀传统文化,熔铸于党领导人民在革命、建设、改革中创造的革命文化和社会主义先进文化,植根于中国特色社会主义伟大实践","讲清楚中国特色社会主义植根于中华文化沃土、反映中国人民意愿、适应中国和时代发展的进步要求,有着深厚历史渊源和广泛现实基础"。可以说,近代中国最终选择了马克思主义的科学社会主义,最根本的原因在于只有科学社会主义最适合中国历史文化的土壤。

可以说,如果我们没有对中华优秀传统文化的认知和了解,就不可能真正

理解中国特色社会主义道路是在对中华民族五千多年悠久文明的传承中走出来的,也不可能真正理解中国特色社会主义道路具有的深厚历史渊源和广泛的现实基础。因此,加强中华优秀传统文化教育,对于引导广大青少年学生更加全面准确地认识中华民族的历史传统、文化积淀、基本国情,认清走中国特色社会主义道路的历史必然性,坚定走中国特色社会主义道路的自信,具有重大而深远的历史意义。

2. 加强中华优秀传统文化教育,有助于深化新时代大学生对中华民族伟大复兴中国梦的认知

实现中华民族伟大复兴是中华民族近代以来最伟大的梦想。这一梦想,上承中华民族在五千多年历史发展中形成的以爱国主义为核心的团结统一、爱好和平、勤劳勇敢、自强不息的伟大民族精神,是中华优秀传统文化激励出的不甘屈辱、不甘沉沦、不甘落后的发愤图强梦想。这一梦想,下启科学社会主义的理论逻辑与近代以来中国社会发展的历史逻辑走向融合的进程,是马克思主义基本理论与中国实际、中国文化相结合的社会主义现代化梦想。可以说,中华优秀传统文化贯通于中国梦实现的全过程,构成了中国梦的重要文化根基。

习近平总书记强调指出:"实现'两个一百年'奋斗目标、实现中华民族伟大复兴的中国梦,需要充分发挥全党全国各族人民今天所具有的伟大智慧,也需要充分运用中华民族五千多年来积累的伟大智慧。"中华优秀传统文化为中国梦的实现提供了强大的精神力量和重要思想支撑。具体来说包括以下几方面。

一是中华优秀传统文化中的家国情怀为实现中国梦提供了重要精神支撑。习近平总书记明确指出:"没有文明的继承和发展,没有文化的弘扬和繁荣,就没有中国梦的实现。"中国梦的基本内涵是实现国家富强、民族振兴、人民幸福,具有强烈的历史感和时代感,传承创新,特色鲜明,表达更亲切、更务实,更具激励作用,是中国人民孜孜以求的奋斗目标和海内外中华儿女的共同愿望。中华优秀传统文化中的"修身、齐家、治国、平天下""投死为国,以义灭身""以国家之务为己任""贤者不悲其身之死,而忧其国之衰""先天下之忧而忧,后天下之乐而乐""天下兴亡,匹夫有责"等思想,数千年来生生不息,犹如一条红线始终贯穿在中华民族的发展历史之中,体现了古代先贤对国家兴亡的关注、对民族兴亡的情怀，体现了中华民族崇尚民族大义的高尚气节。可以说，这种对民族前途、国家命运的高度关切，将个人理想与天下理想合一的精神追求，揭示了中华优秀传统文化的主流导向。这种家国情怀，深深地勾勒出国家兴盛、民族富强和人民幸福这一贯穿于中华优秀传统文化的精神主线，既充分展现出中华优秀传统文化自信的恢宏气度，又折射出中华儿女内心深处的命运共同体意识，还凝聚着振兴中华的文化血脉。这自然而然地为中国梦的实现提供了丰富的价值资源和强大的精神力量，为中华儿女实现中国梦提供了精神支撑和心灵慰藉，也成为中华儿女舍小我、为大义、图民族腾飞的力量源泉。

二是中华优秀传统文化中的自强不息精神为我们加快实现中国梦提供了有益的历史借鉴。习近平总书记强调："创新是引领发展的第一动力。"中华民族自古以来就是善于创新、不断创新的民族。儒家经典《大学》中就有"苟日新，日日新，又日新"的创新精神，《周易》中"天行健，君子以自强不息"的进取意识，"变则通，通则久"的奋斗精神，陆九渊《语录》中"六经注我，我注六经"的自觉自信，这些既是中华优秀传统文化的典型表现，又经过长期积淀和传承，成为中华文化重要的精神元素和因子，塑造了中华儿女典型的文化心理和性格特征，更赋予了我们不畏艰险、百折不回、奋发图强的创新奋斗精神。这就启示我们，必须基于中华优秀传统文化中自强、创新、实事求是、革故鼎新等文化基因，以强烈的历史使命感和责任感坚持走独立自主、奋发图强的道路，以巨大的理论勇气和创新精神打破条条框框限制和教条主义束缚，坚持走马克思主义基本原理与中国具体国情相结合的道路，坚持走解放思想、实事求是、改革开放的道路。

三是中华优秀传统文化中的和而不同思想，为实现中国梦提供了深刻启示。习近平总书记多次指出，中国梦是和平、发展、合作、共赢的梦，与世界各国人民的美好梦想相通。实现中国梦、走和平发展道路源于中华文明的深厚根基。在中华优秀传统文化中，"和"文化具有至关重要的地位和意义。关于求同存异、和而不同、和谐相处的传承，关于"和为贵""万物并育而不相害，道并行而不相悖""各美其美，美人之美，美美与共，天下大同"等表述，都是中华优秀传统文化中大同思想和开放兼容性质的生动表达。中华民族历来爱好和平，始终追求和平、和睦、和谐，崇尚"协和万邦""亲仁善邻，国之宝也""四海之内皆兄弟也""远亲不如近邻""亲望亲好,邻望邻好""国虽大,好战必亡"等理念。这些优秀传统文化,不论是在过去还是在现在,都具有鲜明的民族特色和永不褪色的时代价值,既随着时间推移和时代变迁而不断与时俱进,又有其自身的连续性和稳定性。这些文化精粹启示我们,在中华民族伟大复兴的进程中,不会否定其他国家和民族的梦想,不会威胁和损害其他国家和民族的利益,而是通过自身的发展来促进世界和平,推动建设一个持久和平、共同繁荣的和谐世界。正如习近平总书记指出的"亲、诚、惠、容"的四字箴言,是我们睦邻、安邻、富邻的周边外交方针。这也真切地反映了中国的发展是一种和平、文明的发展,是一种承认文明差异的共存性发展和包容性发展,最终将促进实现"世界大同"的美好愿景。中国梦的实现,与各国梦、世界梦命运相关,心意相连,是和平之梦、共赢之梦的实现。

四是中华优秀传统文化中的以民为本理念为我们全面建成小康社会、助推实现中国梦提供了动力之源。中国传统文化中历来强调以民为本,早在两千多年前中国人就提出"天地之间,莫贵于人""民惟邦本,本固邦宁"等一系列重民、富民、贵民的思想,主张治国须利民、裕民、养民、惠民,充分彰显了中华优秀传统文化的价值追求。这是以民为本理念在中华优秀传统文化的价值语境中的体现,其全新的现代表达就是受人民所托,忠人民之事,对人民负责,让人民幸福。这些优秀思想在当前的集中反映和彰显,就是中国梦是全国各族人民共同的梦,是以广大人民群众为主体和动力源泉的梦,是实现最广大人民群众根本利益的梦。人民幸福是中国梦、民族梦、个人梦的聚集点,决定了梦想追求的根本出发点和落脚点。正是这种追求的内在契合性,激励着我们在实现中国梦的伟大征程中,既要靠发挥人民主体性去实现,又要以民为本、为人民造福,使发展成果更多、更公平地惠及全体人民,为实现人的全面发展而奋斗。这就决定了人民群众会在不同历史时期展现出具有时代特色的进取精神、创造热情与顽强毅力,会迸发出无尽的创新创造激情以应对种种艰难困苦和严峻挑战,会焕发出不竭的伟大力量来助推中国梦的实现。

总起来说,中华优秀传统文化是实现中国梦的智慧宝库,要实现中国梦,既要广泛吸收借鉴今天世界各国人民创造的一切有益经验智慧,更要深入挖掘我们悠久历史文化中的价值理念、道德规范和治国智慧,按照时代特点和要求,对中华优秀传统文化进行创造性转化和创新性发展。此外,我们还要积极推进中华优秀传统文化与社会主义先进文化互动融合,使中华优秀传统文化通过创造性转化成为中国特色社会主义先进文化的不竭源泉,使中华民族伟大复兴的中国梦的文化根基不断得到巩固。

3.加强优秀传统文化教育,助推新时代大学生践行社会主义核心价值观

核心价值观承载着一个民族、一个国家的精神追求,体现着一个社会评判是非曲直的价值标准,是一个民族赖以维系的精神纽带,是一个国家共同的思想道德基础。如果没有共同的核心价值观,一个民族、一个国家就会魂无定所、行无依归。核心价值观是一个国家的重要稳定器,关系到社会的和谐稳定,关系到国家的长治久安。

习近平总书记在党的二十大报告中明确指出:"社会主义核心价值观是凝聚人心、汇聚民力的强大力量。"社会主义核心价值观植根于中华文化的丰饶沃土,熔铸于我们党领导人民长期奋斗的伟大实践,深刻回答了我们要建设什么样的国家、建设什么样的社会、培育什么样的公民的重大问题,是当代中国精神的集中体现,凝结着全体人民共同的价值追求。中华优秀传统文化积淀着中华民族最深层的精神追求,包含着中华民族最根本的精神基因,为社会主义核心价值观提供了丰富滋养,是社会主义核心价值观的深厚源泉。比如,中华文化强调"民惟邦本""天人合一""和而不同";强调"天行健,君子以自强不息""大道之行也,天下为公";强调"天下兴亡、匹夫有责";强调"君子喻于义""诚者,天之道也;思诚者,人之道也""言必信、行必果""人而无信,不知其可也";强调"仁者爱人""己所不欲,勿施于人""老吾老以及人之老,幼吾幼以及人之幼""出入相友,守望相助""扶贫济困""不患寡而患不均"等。这些具有鲜明民族特色的思想和理念对社会主义核心价值观的不同层面都有着深刻影响。

世界多极化、经济全球化深入发展,国内经济社会转轨转型,深刻变革,现代传播技术迅猛发展,世界范围内各种思想文化的交流交融交锋更加频繁,社会思想观念日益活跃。大学生思想意识更加自主,价值追求更加多样,个性特点更加鲜明,社会上一些不良思想倾向和道德行为,对大学生的健康成长产生了不容忽视的影响。加强中华优秀传统文化教育,对于引导大学生增强民族文化自信和价值观自信,自觉践行社会主义核心价值观具有重要作用。

习近平总书记指出:"中华优秀传统文化已经成为中华民族的基因,植根在中国人内心,潜移默化影响着中国人的思想方式和行为方式。今天,我们提倡和弘扬社会主义核心价值观,必须从中汲取丰富营养,否则就不会有生命力和影响力。"用中华优秀传统文化滋养社会主义核心价值观,需要在思想理论领域重点抓住中华优秀传统文化的精髓,深入阐发中华文化中讲仁爱、重民本、守诚信、崇正义、尚和合、求大同等核心思想理念,注重传统价值理念的丰富性、全面性和系统性,为有效推动社会主义核心价值观在最广泛意义上形成普遍社会价值共识建立深厚文化基础。加强对中华优秀传统文化的研究阐释工作,要讲清楚中华优秀传统文化的历史渊源、发展脉络、基本走向,讲清楚中华文化的独特创造、价值理念、鲜明特色;要深刻阐明中华优秀传统文化是马克思主义中国化的丰厚资源,是中国特色社会主义文化的组成部分;要深刻阐明中华文明是在与其他文明不断交流互鉴中丰富发展的,着力构建有中国底蕴、中国特色的思想体系、学术体系和话语体系;要挖掘中华优秀传统文化的当代价值,推动中华优秀传统文化载体的研究挖掘整理,加强中华优秀传统文化遗产保护,加强中华优秀传统文化宣传展示,打造中华优秀传统文化艺术精品,推动中华优秀传统文化交流传播。

以中华优秀传统文化滋养社会主义核心价值观,必须将其与人们的日常生活紧密联系起来,坚持知行合一、行胜于言,在落细、落小、落实上下功夫,使之贯穿于社会生活方方面面。围绕立德树人的根本任务,将中华优秀传统文化全方位融入启蒙教育、基础教育、职业教育、高等教育、继续教育各领域,弘扬爱国主义精神。面向全体教师开展中华优秀传统文化教育培训,全面提升师资队伍水平,引导大学生更加全面准确地认识中华民族的历史传统、文化积淀。充分发挥党员干部的示范作用和家庭的基础作用,充分运用中华优秀传统文化中的道德教化资源,把中华优秀传统文化融入精神文明创建活动之中,吸引群众广泛参与,形成有利于传承和弘扬中华优秀传统文化的生活情景与社会氛围。创作一批高质量的弘扬中华优秀传统文化和时代精神的文学、戏曲、影视作品,引导人们不断提升道德水准。

以中华优秀传统文化滋养社会主义核心价值观,就要推动中华优秀传统文化传播与新媒体、新技术相融合,推进宣传教育平台载体、方式、手段的创新。

要适应新媒体、新技术的发展趋势，建设中华优秀传统文化网络教育平台，打造培育和践行社会主义核心价值观的有效载体，使传播路径更加多元。要促进中华优秀传统文化与相关产业的融合发展，提升公众对中华优秀传统文化的关注度。

以中华优秀传统文化滋养社会主义核心价值观，需要各级党委和政府在政策制定、价值引导、监督规范上积极作为，站在文化认同和价值观建设的高度上谋划布局、配置资源，教育引导人们继承中华传统美德，弘扬社会主义道德，切实培育和践行社会主义核心价值观，为决胜全面建成小康社会，夺取新时代中国特色社会主义伟大胜利，打下更加坚实的思想道德基础。

（三）高校公共体育课教学是开展中华优秀传统文化教育的重要途径

高校公共体育课教学是高校体育工作的中心环节。中共中央办公厅、国务院办公厅印发的《关于实施中华优秀传统文化传承发展工程的意见》指出："围绕立德树人根本任务，遵循学生认知规律和教育教学规律，按照一体化、分学段、有序推进的原则，把中华优秀传统文化全方位融入思想道德教育、文化知识教育、艺术体育教育、社会实践教育各环节，贯穿于启蒙教育、基础教育、职业教育、高等教育、继续教育各领域。"儒家优秀文化融入高校公共体育课教学，就是要以高校公共体育课作为传承中华优秀传统文化的重要手段和载体，在推进高校体育教学改革创新过程中，逐渐增强大学生身体的素质，并进一步推动中华优秀传统文化在大学生群体中的传承和弘扬。

中华武术是中华优秀传统文化的有机组成部分，也是中华优秀传统文化的载体，传承着儒家文化中"精忠报国""厚德载物""沉着冷静""尊老爱幼""天人合一"等传统美德，以及自强不息的尚武精神。开展中国传统武术教学，对于强化新时代大学生的责任担当、理想信念等有重要作用，也是磨炼其意志品质、塑造其责任担当意识、培养其守道精神的良方。

太极拳在我国民间练习非常广泛，它既可以强身健体，也可以修身养性，更是传递哲学思想和道家文化的有效载体。太极拳的套路千变万化、刚柔相济，非常贴近大自然的变化规律，借助太极拳教学过程，向学生揭示自然规律，引导学生追求真理，鼓励学生探知未知世界，贴近自然，与大自然和谐共处。

二、推进体育课程思政建设的现实需要

2016 年 12 月，习近平总书记在全国高校思想政治工作会议上强调，"要用好课堂教学这个主渠道，思想政治理论课要坚持在改进中加强"，"其他各门课都要守好一段渠、种好责任田，使各类课程与思想政治理论课同向同行，形成协同效应"，首次提出课程思政建设问题。2018 年全国教育大会上，习近平总书记提出："要把立德树人融入思想道德教育、文化知识教育、社会实践教育各环节，贯穿基础教育、职业教育、高等教育各领域，学科体系、教学体系、教材体系、管理体系要围绕这个目标来设计，教师要围绕这个目标来教，学生要围绕这个目标来学。"这一重要论述，为从高等教育制度层面认识课程思政建设，提供了坚实的理论依据。

2020 年 5 月，教育部印发的《高等学校课程思政建设指导纲要》明确指出，"要紧紧抓住教师队伍'主力军'、课程建设'主战场'、课堂教学'主渠道'，让所有高校、所有教师、所有课程都承担好育人责任，守好一段渠、种好责任田，使各类课程与思政课程同向同行，将显性教育和隐性教育相统一，形成协同效应，构建全员全程全方位育人大格局"，"深入挖掘各类课程和教学方式中蕴含的思想政治教育资源，让学生通过学习，掌握事物发展规律，通晓天下道理，丰富学识，增长见识，塑造品格，努力成为德智体美劳全面发展的社会主义建设者和接班人"。同时，《高等学校课程思政建设指导纲要》还对高校体育课程思政建设也提出了具体要求："体育类课程要树立健康第一的教育理念，注重爱国主义教育和传统文化教育，培养学生顽强拼搏、奋斗有我的信念，激发学生提升全民族身体素质的责任感。"所以，顺应新时代发展要求，要充分挖掘体育专业课程蕴含的思政元素，寓价值观教育于公共体育课程教学之中，帮助大学生在公共体育课程学习中塑造正确的世界观、人生观和价值观。实现思政元素与体育公共课程有机融合，让大学生在获得知识和技能的同时，也受到思想上的熏陶，真正做到授艺与育人相统一是体育课程建设中肩负的重要责任。

（一）新时代高校公共体育课程思政建设的必要性

体育课程思政是指以体育的各类课程为依托，在教学过程中融入思政教育要素，建立集体育理论、体育技能和思政教育于一体的教育实践体系。在教学

过程中,将思想政治教育贯穿于教学的各个环节,在传授体育理论与技能的同时,帮助新时代大学生树立正确的世界观、人生观、价值观,在潜移默化中实现立德树人的根本任务。高校公共体育课程思政建设利用显性教育和隐性教育来对新时代大学生实现思政价值引领。在显性教育中,通常依托体育教育课程,以通俗易懂的灌输方式对学生进行思政教育,以培养他们的社会主义核心价值观。而隐性教育则以高校公共体育课教学锻炼项目为载体,将思想政治教育要素融入其中,着重挖掘体育项目中蕴含的爱国情怀、国家政治认同以及文化自信等相关思政要素价值,在实际教学中,通过传播体育精神、文化及其价值观来提高大学生的思想政治核心素养,实现体育思政的隐性教育目标。总起来说,体育课程思政就是以显性教育为主,隐性教育为辅,二者相互合作、相互补充,共同推动体育育人目标的实现。著名教育家蔡元培说:"完全人格,首在体育。"体育课程思政的重要育人价值,具体体现在以下三个方面。

1.锤炼意志品质,实现品格内化

意志品质是一种具有自觉性、果断性、自制性、坚韧性的非智力因素,对个体心理健康和品格塑造等都具有十分重要的意义。大学生意志品质是大学生所处的自然生命发展阶段和社会环境共同作用的结果。大学生正处于"拔节孕穗期"和世界观、人生观、价值观形成的关键阶段,其生理和心理也处于过渡时期,反映在意志品质上就展现出一定的不稳定性、不平衡性、差异性等,极易受到不良因素的干扰。同时,开放环境、市场经济、多元文化和信息技术相互交织,也深刻影响了当代大学生的意志品质状况。在此背景下,提升新时代大学生意志品质,既能够帮助其在毕业求职、人生发展等方面实现质的飞跃,也有利于将其培养为堪当民族复兴大任的时代新人。

当然,一个人良好意志品质的形成,是多方面因素共同作用的结果。由于传统应试教育的影响,中学生普遍缺乏身体锻炼和劳动实践经验,所以许多学生进入大学阶段后,意志力仍较为薄弱。比如,有的学生尽管行动的自觉性较高,但独立性不够强;有的学生自制力水平较低,自己想做的事情做不到,控制不了自己的行为;有的学生缺乏坚持性,做事情虎头蛇尾;有的学生缺少吃苦耐劳的精神,"等靠要"的思想倾向明显;有的学生心理承受能力较弱,经不起挫折;有的学生生活自理能力较差,依赖感较强。对大学生意志品质进行锻炼,是高校教书育人的重要内容之一。

高校公共体育教育对大学生意志品质提升具有独特的作用。习近平总书记曾多次阐释体育在学生成长、磨炼意志方面的重要作用。他明确指出:"德智体美要全面发展,其中体育对陶冶性情、历练意志有重要作用。"在高校公共体育课堂上,大学生在提高体育技能时,需要忍受高强度的运动负荷量,耗费大量的体能和精力。技能技巧训练本身就能磨炼大学生顽强拼搏、坚韧不拔、自强不息、追求卓越等意志品质,在潜移默化中培养个体的品格。所以,高校体育教师应该充分利用好体育课堂教学,让大学生不仅能够享受体育运动的乐趣,增强体质,同时还能培养健全人格、锤炼顽强拼搏的意志品质。

2. 遵守规则意识,提升道德修养

规则是指约定俗成或明文规定的标准,是做人做事中共同遵守的制度和章程。"没有规矩,不成方圆。"生活在社会中的人,需要遵守规则。不遵守规则,生活就会失去秩序。规则意识植根于社会生活和实践交往,既是个体发展的精神特质,也是美好生活的建构之需。《新时代公民道德建设实施纲要》强调指出,规则意识是完善社会治理、规范社会秩序、营造良好道德环境的应有之义。新时代大学生是现代化建设的生力军,担负着继续奋斗的历史使命,对提升大学生的规则意识、全面落实立德树人根本任务的意义重大。

目前,在校大学生的规则意识仍存在一定问题。比如,漠视小规则。在大是大非面前,大学生往往都能进行正确判断是非对错,但在学校规章制度以及自身行为守则等细微规则的抉择上,仍处于自身约束能力较弱的阶段,非常容易受到周围环境氛围的影响,轻视小规则而出现违规违纪现象。再比如,在对规则的认识与实践上,知行不一的情况较为突出。虽然大学生接受过多年的教育训练,已经对规则有了较深的理解,但在面对触及自身利益的情况时常将规则抛之脑后,降低自身的行为标准,放松自我要求,导致对违反规则抱有侥幸心理。还有,就是在规则评价与执行方面存在双重标准。例如,对他人的违规行为嗤之以鼻、严厉谴责,但如果是自己违反规则或打规则擦边球时,则会找理由,避而不谈自己的过错。又如,在有他人监督约束下,大学生能够有良好的行为规范,但当一个人独处或不受他人监督约束时,其自律程度大大降低并且容易出现违规现象。

　　新时代大学生规则意识的养成,是个体内在因素和外部环境因素共同作用的结果。一方面,大学生规则意识状况与个体所受的教育背景、生活经历及个性心理的差异性、个体认知和认同水平有密切联系;另一方面,也受到父母的示范作用、学校规则意识教育等方面影响。因此,新时代大学生规则意识的培育,既需要筑牢大学生家庭教育品德修养和法治素养的基石,也需要充分发挥好学校规则意识教育的主阵地作用。

　　规则意识教育是高校落实立德树人根本任务的重要内容,应挖掘各类课程中的特色资源,提升规则意识教育效果。其中,高校公共体育课教学在培育大学生规则意识方面具有独特优势。大学体育活动具有全面育人的功能,它不仅能培养学生的爱国情感、坚韧不拔的优秀品质,更是学生遵规守纪、规则意识的养成途径。在大学体育教学中,在参与体育活动,熟悉规则、运用规则,在严格遵守比赛规则的小环境中,每个人既是规则的监督者,又是规则的遵守者,大学生在体育规则文化氛围中感受规则的约束性及权威性,无形中提高了遵规意识,潜移默化中提升了大学生的道德修养水平。在体育比赛中,运动员必须严格遵守比赛规则,恪守体育伦理,追求公平公正。教育的理想形态是让规则成为自由选择的自发的结果,是把规则意识内化为自我的价值认同,达到内心认同与外显动作的协调一致。孔子将规则与自由的关系凝练为:"从心所欲不逾矩。"把外在的规则内化为自我的道德认同,个体在规则之内,自由自在,达到自律与他律的高度一致。

3. 塑造健全人格,厚植家国情怀

　　所谓"人格",就是人按照美的规律构造自己,朝向实现自我全面自由发展不断建构的过程。这种自我建构是按"美的规律"进行的,最终达到"美的状态",即人的全面发展。人格具有理想性、建构性和社会性的典型特征。人格是不断朝向理想的、最终实现全面自由的方向发展,具有理想性。人格还是一个不断建构的过程,是按照"美的规律"建构,只在一定阶段呈现为一定的稳定特质,突出人格的建构性。人格在本质上是人的社会特质,人的社会属性决定人格内容,人格在朝向理想不断前进的过程中,是受社会经济、政治乃至文化条件制约的,凸显了人格的社会性。健全的人格是个体身心和谐发展的综合性表现。

　　健全人格的养成是通过各种措施促进个体积极、主动地按"美的规律"进

行自我建构,最终达到"美的状态",即人的全面自由发展。健全人格的养成是一个系统工程,体育是其中重要的一环。体育与其他教育相结合,共同促进理想人格的养成。而体育之所以能成为人格养成的重要途径,更是因为美育有着其他教育形式所无法替代的独特功能。高校公共体育教育对大学生健全人格养成的作用,主要表现在:一是高校公共体育教育有助于大学生身心健康。大学生面临着繁重的学业压力,同时也面临着日后就业的巨大心理压力。大学阶段正值学生身心重塑的关键期,在这一时期积极参加体育活动,不但能提升他们的身体素质,同时也有助于他们心理意志力的培养,使得他们受益无穷。二是高校公共体育教育有助于大学生提升人际关系的处理能力。在现代社会中,人际关系尤为重要。建立稳定和谐的人际关系不但能够帮助大学生顺利处理各种问题,而且还能给人以归属感、安全感等。体育教学和体育社团活动都属于群体活动,而体育活动本身所带给人的阳光乐观等特质,也使得从事体育项目的人能够更好地融入群体之中。三是高校公共体育教育有助于培养新时代大学生的合作精神。体育活动中,竞争与合作是密不可分的两个方面。团队体育项目中,团队合作是取得比赛胜利的必要因素,个体体育活动若缺少了与教练、队友、辅助人员的合作也是不能成功的。大学生在体育活动中极易形成与他人合作的意识和本领。总之,从个人角度而言,体育是个体成功的基石、幸福人生的起点。一个人拥有健康的身体、良好的适应能力和坚韧不拔的毅力,才能绘制幸福人生和幸福家庭的蓝图。

当然,从国家角度而言,进行高校公共体育教育,有助于厚植新时代大学生的爱国主义情怀。爱国主义是中华民族的民族心、民族魂,是中华民族最重要的精神财富,是中国人民和中华民族维护民族独立和民族尊严的强大精神动力。爱国主义精神深深植根于中华儿女的内心深处,维系着中华大地上各个民族的团结统一,激励着一代又一代的中华儿女为祖国发展繁荣而自强不息、不懈奋斗。中共中央、国务院联合印发的《新时代爱国主义教育实施纲要》中明确指出:"在普通高校将爱国主义教育与哲学社会科学相关专业课程有机结合,加大爱国主义教育内容的比重。"高校公共体育教育作为开展爱国主义教育的重要窗口,能直接对大学生产生激励、鼓舞的作用,尤其是对以爱国主义为核心的民族精神和以民族自尊自信为核心的文化认同具有深度促进作用。

（二）儒家优秀文化助推体育课程思政建设目标的实现

《高等学校课程思政建设指导纲要》强调指出，要"加强中华优秀传统文化教育。大力弘扬以爱国主义为核心的民族精神和以改革创新为核心的时代精神，教育引导学生深刻理解中华优秀传统文化中讲仁爱、重民本、守诚信、崇正义、尚和合、求大同的思想精华和时代价值，教育引导学生传承中华文脉，富有中国心、饱含中国情、充满中国味"。儒家优秀文化中蕴含着丰富的德育资源。比如，天下兴亡、匹夫有责的家国情怀，忧国忧民、见利思义的爱国精神，尚中贵和的和谐思想，立己达人的责任意识，明礼知耻的规则意识，崇德向善的价值追求，立志笃行的进取精神，反求诸己的自省意识，"天行健，君子以自强不息"的奋斗精神。可以说，这些重要的思想理念、人文精神、道德追求等，都对中国人的修身做人、立身处世具有重要启示意义。

1.高校公共体育课程思政建设亟待加强

课程思政教育注重从培养学生的良好品德入手，把提高学生的身体素质放在第一位，同时培养学生健康的心理。目前，体育课程思政教学中还存在一些问题。

一是思想政治教育理念滞后。高校公共体育课程设置观念较为陈旧。虽然开设的课程较为丰富，但欠缺体育育人的意识；体育课堂教学中重视动作技术技能的培养，忽视了"德育"元素的挖掘；以体育成绩的分数高低判断学生体质的好坏，缺乏对个人综合素质的评价。应试教育下的公共体育课教学，很大程度上导致了思政教育在教学中得不到较好的发挥，体育教学跟不上新时代、新政策、新要求的发展。如果不重视"德育"元素的贯穿，也将导致思政教育理念的滞后。

二是"体育"与"德育"的脱节。体育教学目标的设定在很大程度上造成了体育教学的现状。社会在进步，时代在发展，如果人们的道德意识薄弱，培养出来的人才势必状况堪忧。因此，需要摒弃不能与时俱进的教育教学理念，重在"体育"与"德育"的结合，重在提升学生的良好道德品质，培养出高素质人才以适应社会快速发展的要求。顽强拼搏的进取精神，体现了"德育"；不气馁、不服输的精神品质，体现了"德育"；团结协作、互助友爱，体现了"德育"。因此,"体育"与"德育"是不能脱节的。

2. 儒家优秀文化助推体育课程思政建设

高校公共体育课程思政建设的本质,就是将思想政治教育资源有机融入公共体育课程与教学体系之中。儒家优秀文化是高校体育课程思政建设的重要资源,可开展以天下兴亡、匹夫有责为重点的家国情怀教育。着力引导大学生深刻认识中国梦是每个人的梦,以祖国的繁荣为最大的光荣,以国家的衰落为最大的耻辱,增强国家认同,培养爱国情感,树立民族自信,形成为实现中华民族伟大复兴的中国梦而不懈努力的共同理想追求,培养青少年学生做有自信、懂自尊、能自强的中国人。开展以仁爱共济、立己达人为重点的社会关爱教育。着力引导大学生正确处理个人与他人、个人与社会、个人与自然的关系,学会心存善念、理解他人、尊老爱幼、扶残济困、关心社会、尊重自然,培育集体主义精神和生态文明意识,形成乐于奉献、热心公益慈善的良好风尚,培养大学生做高素养、讲文明、有爱心的中国人。开展以正心笃志、崇德弘毅为重点的人格修养教育。着力引导大学生明辨是非、遵纪守法、坚韧豁达、奋发向上,自觉弘扬中华民族优秀道德思想,形成良好的道德品质和行为习惯,培养新时代大学生做知荣辱、守诚信、敢创新的中国人。

所以,将儒家优秀文化中蕴含的这些丰富德育资源融入高校公共体育课教学中,渗透到体育课教学的各个教学环节中,打造一批有特色的体育类课程,帮助大学生在体育锻炼中享受乐趣、增强体质、健全人格、锤炼意志,着力培养新时代大学生的竞争精神、规则意识、团队精神、责任感和意志品质等,增强高校体育课教学的德育功能,更好地实现体育教学的育人目标。

三、推进新时代高校公共体育课教学改革的有效途径

高校公共体育课是当前高校教育教学体系中的重要课程。高校教育教学不仅要提升大学生的文化知识技能,同时也要对大学生的体育能力和素养进行有效的培养和提升。

(一)新时代高校公共体育课教学改革的时代使命

中共中央办公厅、国务院办公厅印发的《关于全面加强和改进新时代学校

体育工作的意见》中指出:"学校体育是实现立德树人根本任务、提升学生综合素质的基础性工程,是加快推进教育现代化、建设教育强国和体育强国的重要工作,对于弘扬社会主义核心价值观,培养学生爱国主义、集体主义、社会主义精神和奋发向上、顽强拼搏的意志品质,实现以体育智、以体育心具有独特功能。……以立德树人为根本,以社会主义核心价值观为引领,以服务学生全面发展、增强综合素质为目标,坚持健康第一的教育理念,推动青少年文化学习和体育锻炼协调发展,帮助学生在体育锻炼中享受乐趣、增强体质、健全人格、锤炼意志,培养德智体美劳全面发展的社会主义建设者和接班人。"新时代高校公共体育课教学改革是高等教育体系建设的重要组成部分,也是推动高等教育高质量发展的重要力量。

1. 深入贯彻落实"健康中国"战略的重要途径

2016 年,中共中央办公厅、国务院办公厅颁布了《"健康中国 2030"规划纲要》,从国家层面提出健康领域的中长期发展战略规划。2017 年 10 月,习近平总书记在党的十九大报告中再次强调指出:"人民健康是民族昌盛和国家富强的重要标志。"

高校公共体育课教学是健康中国建设的重要途径之一,也是新时代大学生进行身体锻炼、提高身体素质和健康水平的主要阵地。为了更好地贯彻落实习近平总书记关于教育的重要论述以及国家的相关战略举措,高校应立足体育教学"育体"之本源,在坚持立德树人根本任务的基础上,把提升大学生体质健康水平置于体育教学的首要位置,切实有效地推动高校公共体育课教学改革与实践。

2. 全面发挥以体育人价值功效的必然要求

长久以来,人们对体育的认知大多停留在"育体"的方面,即注重身体活动带来的直接影响,却忽视了体育之"育人"的功能与旨归。体育在实现立德树人根本任务方面,本来就具有先天的优势,通过体育锻炼和运动竞赛,既可以锻炼学生的身体,又可以磨炼学生的意志,使学生养成遵规守矩、团结协作、奋斗进取的优良品质;通过营造和谐积极的体育文化氛围,有助于提高学生的体育知识储备和体育文化素养,使学生在思想道德修养、审美情趣培养与健全人格塑造方面受到潜移默化的影响。

因此,高校体育教学改革不能仅仅停留在理论知识和运动技能层面上,还要以把高校学生培养成为合格的社会主义建设者和接班人作为衡量的价值标准。新时代背景下,高校体育教学改革要全面发挥"以体育人"的价值功效,始终坚持为党育人和为国育才的历史使命,为教育强国和健康中国建设起到重要推动作用。

3. 推动体育强国建设的有力支撑

实现体育强国之梦是近代以来中国人民的伟大夙愿。自 20 世纪 80 年代中期我国首次提出建设体育强国目标以来,随着经济社会的持续发展和体育事业的不断进步,体育强国建设思想内蕴更加丰富,实践路径愈加清晰。体育强国建设是我国当前体育工作的核心任务,是实现由体育大国向体育强国迈进的重要战略方针。近些年来,我国在竞技体育领域取得了令人瞩目的优异成绩,广大人民群众对全面健身事业的热情也越发高涨,大众体育领域同样得到了显著发展。

因此,将体育人才培养培育纳入国民教育体系之中,实行体教融合政策也就成为我国体育教育发展的题中应有之义。2019 年国务院办公厅印发的《体育强国建设纲要》和 2020 年 8 月国家体育总局、教育部联合颁布的《关于深化体教融合促进青少年健康发展的意见》都明确指出:"高校体育教学对我国体育后备人才培养具有重要作用。"由此可见,推动新时代高校公共体育课教学改革是深化高校体教融合最直接、最可靠的方式,能够为我国新时代体育强国建设提供重要支撑。

(二)新时代高校公共体育课教学改革的目标导向

习近平总书记在 2018 年的全国教育大会上强调指出:"帮助学生在体育锻炼中享受乐趣、增强体质、健全人格、锤炼意志。"这一重要讲话,既高度概括了当前我国学校体育发展的核心要义,也为新时代高校公共体育课教学改革指明了方向。"享受乐趣、增强体质"在于发挥体育教育对学生身心健康发展的积极作用,"健全人格、锤炼意志"在于发挥体育教育服务学生全面发展、增强学生综合素质的重要作用。

1. 享受体育乐趣：提升高校学生体育学习自主性

享受体育乐趣既是增强体质、健全人格、锤炼意志的基础，也是高校学生在体育教学中由被动参与向主动选择进行转变的关键表现。大学生作为体育学习的主体，是整个体育教学活动的中心，只有主动投入学习中，才能取得最佳的学习效果。如今，日益丰富的高校体育文化改变了大学生对体育运动的传统认知，拓宽了大学生对运动参与的多样化需求。只有使大学生通过体育教学活动获得更多参与感和满足感，才能更好地提升大学生的体育学习自主性，进而实现由体育兴趣向体育志趣的转化。

2. 塑造健康体魄：培养高校学生的终身体育意识

增强身体素质，提高健康水平，本来就是体育教育的基本目标。近年来，尽管我国高校对于体育教育的重视程度日趋提升，也出台了各项措施着力增强大学生的体质健康水平，但是，由于受到传统教学理念和应试教育的影响，加之学生和家长的健康意识较为薄弱，导致大学生身体素质整体不高。此外，许多高校学生通过 4 年的体育学习，仍然无法熟练掌握 1～2 项运动技能，并且缺乏足够的体育理论知识，这也充分表明我国高校体育教学成效不足。新时代高校公共体育课教学改革目标再次强调，促进高校大学生体质健康发展，其实质就是期望通过体育教学改革，进一步改善"体质低下、技能生疏"的教学困境。在"健康第一"教学理念的指导下，教师既需要继续加强运动技能教学，又需要重视运动理论和健康知识的传授，使大学生在具备课余自主锻炼能力的同时，提高对科学健身的正确认知，进而形成终身体育的意识。

3. 培育健全人格：增进高校学生身心健康和谐成长

高校公共体育教育不仅能够帮助大学生塑造健康的体魄，更应该帮助大学生塑造健全的人格。在传统高校公共体育课教学中，从不缺乏身体练习手段，却容易忽略对大学生进行人格培育。对于部分大学生出现的性格偏激、行为异常、情绪暴躁等不良行为，并没有及时给予相应的疏导，"以体育人"的价值功效没有得到全面发挥。因此，高校公共体育课教学改革，不仅需要将大学生的身体健康置于首位，还需要重视大学生的心理健康，尤其是健全人格的培育。将高校公共体育课教学与人格塑造相结合，既是培养社会主义建设者与接班人的正确选择,也是促进高校大学生身心健康的正确途径,更是今后高校教学高质量提升的正确价值方向。

4. 锤炼意志品质:促进高校学生综合素质全面发展

良好的意志品质可以在体育教育的作用下,通过自身努力逐步发展起来。高校公共体育课教学一般缺少高强度的运动负荷与激烈的实战对抗,轻松的课堂氛围在一定程度上可能会削弱对大学生坚强意志力的培养,还会影响大学生综合素质的提高。在高校公共体育课教学中对大学生进行意志品质的锤炼,就是要在公共体育课教学过程中引导大学生树立克服畏难心理与意志,学会正视困难与问题,主动迎接挑战,在长期体育运动学习中,将个人的意志品质培养内化为良好的体育世界观、人生观、价值观,进而带动其他优秀的个人品质得到发展。

5. 培育时代新人:实现高校学生德智体美劳五育并举

随着党和国家对学校体育发展地位的不断强化,高校公共体育课程受重视程度越来越高,公共体育课程改革随着时间的推移也在不断更新迭代,改革的方向性越来越明确,就是要"育新人"。所谓"育新人"就是要培育时代新人,而"新"体现在更具时代性特征、发展性潜能和创造性力量。2021年7月1日,习近平总书记在庆祝中国共产党成立100周年大会上明确提出:"新时代的中国青年要以实现中华民族伟大复兴为己任,增强做中国人的志气、骨气、底气,不负时代,不负韶华,不负党和人民的殷切期望!"体育是德智体美劳"五育"中不可或缺的重要组成部分,体育的育人方向与育人效果不仅决定着全面发展人才的培养质量,而且体现了体育教育的成熟程度和价值追求。

新时代体育课程改革的着力点聚焦于时代新人的培育,是因为时代新人肩负着中华民族伟大复兴的重要历史使命,是实现中国梦的中坚力量。"立德树人"作为教育的根本任务,要在"以体化德""以文化人"方面,始终作为体育课程改革的明确要求。体育课程的发展最终要聚焦在人的发展上,体育课程的改革无疑最关注的是要推动全体学生全面发展的改革。新时代人才的培养标准逐渐得到优化,不仅仅是专业性的发展与促进,更重要的是人的责任与担当的强化,是从个人到集体再到国家的热爱与奉献。新时代的人才培养,肩负着重要的历史使命,体育与健康学科在全面育人的过程中,自然把"育新人"作为重要的出发点和落脚点,如果弱化了对时代新人培养的重视,"以体育人"目标就难以达到理想的结果。

(三)新时代高校公共体育课教学存在的现实困境

当前,我国高校公共体育课教学中存在着一些困境,与大学生体育素养的提升不相适应。这些困境主要表现在教学观念不符合时代要求、教学方式缺乏多样化变通以及教学评价缺乏科学性等方面。

1.教学观念不符合时代要求

目前,我国高校所开展的公共体育课教学工作虽然在不断改进并且取得了一些实效,但大多停留在课内教学层面,并未充分发挥出课外体育锻炼的作用,课内、课外教学的衔接并不畅通。大多数高校的公共体育课程设置,也很难完全满足新时代的发展要求,无法激发大学生体育运动的积极性与主动性。此外,现阶段高校公共体育课教学过程,更多的是以灌输为主,缺乏对大学生行为与健康的综合评价,未能充分彰显出大学生的主体地位。

总体而言,高校公共体育课教学由于受到传统公共体育教育理念的影响比较明显,所以存在着重竞技轻健康、重技能轻育人等方面的问题,教学观念比较而言尚显落后。

2.教学方式缺乏多样化变通

"互联网+"时代,信息化、智能化水平不断提升,各种智能信息设备普及,教学方式也有了更多的选择。借助互联网技术优势,教学可以摆脱时间与空间限制,最大化地满足现代教育发展的要求。但目前传统教学方式依然占据主流,缺乏多样化的变通,特别是在信息技术应用方面明显不足,信息化水平较低。所以,在实际教学工作中,部分教师更多采用教师示范、学生模仿为主的方式,教学方式过于单一,教学氛围较为枯燥,导致大学生体育学习兴趣受到一定影响。在实际教学过程中,如果教师演示次数较少,部分领悟力较差的学生就很难掌握诀窍,进而影响了整体的学习效果。因此,在高校体育教学改革中,高校教师应重视对信息技术的应用,实现体育教学效率与质量的双提升。

3. 教学评价缺乏科学性

教学评价是课堂教学的重要组成部分,对于全面了解学生的学习状况、激励学生的学习热情、促进学生的全面发展有重要意义。在高校公共体育课教学中,教学评价主要有两个目的:一是检查教师的教学情况,明确教学工作中存在的问题,以便有的放矢地开展教学改革;二是让学生知晓自己的学习情况,并能在此基础上加以改进。但是,从高校公共体育课教学实际来看,不管是学生还是教师,对体育教学评价的认知都存在一定偏差,存在为了评价而评价的问题,更多的是被动参与,缺乏主动性。评价内容单一,科学性不足。高校体育教学的教学评价更多是以运动技能与体能评价为主,但对学生习惯养成、学习态度、个性以及情感等主观层面的评价不足,影响了评价的全面性。还有,就是评价方法片面。在高校体育教学评价中,教师更多采用定量评价、绝对评价以及终结性评价等手段,这些评价方式都存在一定缺陷。比如,定量评价忽视了一些无法量化的内容,终结性评价则是集中在期末进行,无法将评价的反馈功能有效发挥出来。

(四)儒家优秀文化助力新时代高校公共体育课教学改革

中共中央办公厅、国务院办公厅印发的《关于全面加强和改进新时代学校体育工作的意见》指出:"立足时代需求,更新教育理念,深化教学改革,使学校体育同教育事业的改革发展要求相适应,同广大学生对优质丰富体育资源的期盼相契合,同构建德智体美劳全面培养的教育体系相匹配。……坚持整体推进与典型引领相结合,鼓励特色发展。弘扬中华体育精神,推广中华传统体育项目,形成'一校一品'、'一校多品'的学校体育发展新局面。"

儒家优秀文化作为中华传统文化的根基和主流,其内蕴的博大精深、跨越时空的文化基因和精神特质,对高校公共体育课教学具有丰厚而独特的资源价值和滋养作用。将儒家优秀文化融入高校公共体育课教学,使得大学生对优秀传统文化有更深刻的理解和认识,也可以通过体育教育的扩张力和社会影响力,使得广大民众进一步接触中华优秀传统文化,从而有助于中华优秀传统文化的传承与发展。

1. 丰富高校公共体育课程教学内容

儒家优秀文化中包含着丰富的体育实践内容,同时,这些传统体育实践具有极强的文化感染力。从文化发展视角下,将儒家传统文化融入高校公共体育课教学,能更好地丰富体育课程教学内容,提升高校公共体育课程教学的针对性,使体育课程教学质量能得到充分保障。在公共体育课教学实践中,我们可以把射箭、武术、龙舟及太极拳等中国传统体育项目融入校公共体育课程教学,同时针对大学生体育课程学习的需求,有针对性地制定体育课程教学策略及教育规划,大幅提升高校公共体育课程教学的有效性,使高校公共体育课程教学达到更高水平。

因此,儒家传统体育文化发展对于高校公共体育课教学具有重要意义,使高校公共体育课程教学能更好融入当前教育发展新环境,充分满足高等教育阶段体育课程与创新人才培养相结合,培养具有崇高精神追求、高尚人格修养的高素质人才。

2. 强化兴趣导向的体育课程教学实践

培养大学生体育课程学习兴趣是新时代高校公共体育课程教学的难点。常规的体育项目课程教学难以充分引起学生课程学习的猎奇心理,有些具有趣味性的体育课程教学内容,如分腿腾越、支撑跳跃等则存在一定的危险性,无法有效应用于当前的高校公共体育课程教育实践中。以儒家传统体育文化发展为核心,将儒家传统体育文化及体育项目作为培养新时代大学生体育课程学习的重要内容,提升了大学生体育课程学习的参与能力,提高了大学生体育课程学习的兴趣,对于帮助高校摆脱大学生体育课程学习兴趣匮乏的困境具有一定的帮助意义。

中共中央办公厅、国务院办公厅印发的《关于全面加强和改进新时代学校体育工作的意见》明确指出:"认真梳理武术、摔跤、棋类、射艺、龙舟、毽球、五禽操、舞龙舞狮等中华传统体育项目,因地制宜开展传统体育教学、训练、竞赛活动,并融入学校体育教学、训练、竞赛机制,形成中华传统体育项目竞赛体系。"新时代大学生可以根据自身的学习兴趣,自主选择体育课程学习项目,并且围绕对儒家传统体育文化的学习,丰富自身体育课程理论知识,从而具备更高的体育专业素质,强化体育课程学习实践能力,为后续阶段更好地学习体育课程夯实基础。

第三章

儒家优秀文化融入高校公共体育课教学的逻辑依据

儒家优秀文化是中华优秀传统文化的精华，蕴含着丰富的政治教育、道德教育思想。高校公共体育课程是高校课程体系的重要组成部分，是高等学校体育工作的中心环节，也是实施素质教育和培养全面发展人才的重要途径。儒家优秀文化与高校公共体育课教学在育人方面，尤其是在培养大学生的人生观和价值观等方面存在诸多契合之处，所以为儒家优秀文化融入高校公共体育课教学提供了时间可能。

一、儒家优秀文化中蕴含着丰富的体育思想

儒家优秀文化对中国体育文化发展有巨大的塑造力和指导性，其中关注人的全面发展、内外兼修、文武兼备等观念，对我国传统体育文化的价值观、制度行为文化和精神文化等都产生了巨大影响。

（一）"文武兼备"的全面发展思想

文武兼备，顾名思义就是同时具有文才和武才，文武双全。"文武兼备"一词出自《汉纪·宣帝纪》一文，文武兼备思想起源较早且随着历史的发展其内容

不断丰富。

1. 孔子的"文武兼备"思想

儒家历来主张德、智、体全面发展。《论语·述而》中说:"志于道,据于德,依于人,游于艺。"在孔子看来,君子应该立志于道,根据仁德而游学于礼、乐、射、御、书、数"六艺"之中。这里所讲的"六艺",实际上就是弟子们在学习过程中必须掌握的六种基本技能,涵盖了道德品质、行为规范、待人处事、自然科学、体育、艺术等方面的内容。其中,"礼"属于德育范畴,"书""数"属于智育范畴,"射""御"属于体育范畴。孔子不仅提倡体育,而且主张体育与德育、智育一起作为人才培养的重要内容。孔子说"弟子入则孝,出则悌,谨而信,泛而众,而亲仁,行有余力,则以学文",主张用德育来指导智育和体育。孔子说"有文事者必有武备,有武事者必有文备",在他的教育思想中,特别重视"德育、智育和体育"的全面发展,注重使武艺和修养道德品质紧密联系在一起,体现出"德技兼备"的教育原则,促进了武"艺"与文"化"的结合,推动了从用武力征服的"野蛮文明"向以文治文明转化的进程,奠定了中华武艺的外练武技、内修武德的"内外双修"教育传统。

2. 颜元的"文武兼备"教育思想

清代著名思想家、教育家颜元是"文武兼备"教育思想的重要代表人物。他非常痛恶宋明以来知识界重文轻武的习气,认为:"朱子重文轻武……其遗风至今日,衣冠之士,羞与武夫齿,秀才抉弓矢出,乡人皆惊。甚至子弟骑射武装,父母便以不才目之。长此不返,四海溃溺,何有已时乎?"为此,颜元从经世致用的角度出发,提出培养"文武兼备"的人才主张。颜元主张,"教文即以教武","治农即以治兵","盖使人人能兵,天下必有易动之势;人人礼乐,则中国必有易弱之忧;惟凡礼必射,奏乐必舞;使家有弓矢,人能干戈,成文治之美,而具武治之实。无事时,雍容揖让,化民悍劫之气;一旦有事,坐作击刺,素习战胜之能"。只有这样,国家才能强盛。所以,颜元提倡"武"的出发点并不是仅仅为了强身健体,其主要目的还是培养对国家有用的人才。颜元"文武兼备"教育观的核心是为国家培养合格有用的人才,但他的身体运动观"一身动则一身强;一家动则一家强;一国动则一国强;天下动则天下强"。

（二）"天人合一"的体育和谐思想

"天人合一"语出张载《正蒙·乾称》："儒者则因明致诚，因诚致明，故天人合一，致学而可以成圣，得天而未始遗人。""天人合一"是对千百年来中华文明的凝练表达，儒、墨、道、法各家对其都有重要阐释。

1.儒家"天人合一"思想

"天人合一"是儒家的重要思想之一，强调以天、地、人为基本对应点，主张天道与人道、自然与人为之间的对应沟通以及统一，追求的最终目标是实现人与自然之间的和谐发展。《论语·阳货》中说："天何言哉？四时行焉，百物生焉，天何言哉？"此处孔子所言之"天"，并非仅指自然之天，而是被赋予了一种"神"的含义和敬畏感，"天"是有意志和权威性、主宰性的，可以生育万物的。《孟子·尽心上》中说："尽其心者，知其性也。知其性，则知天矣。"孟子认为天道与人性具有统一性，人性源于天性。董仲舒继承了先秦天人观，提出了"人副天数""天人感应""道之大原出于天"之说，以法天为一切标准、准则；认为"屈民而伸君，屈君而伸天"，天以符瑞或灾异为奖惩，王朝应顺应五行，天比君王更至高无上。

概言之，儒家"天人合一"的思想内涵有三点：一是主张人与万物一体。"天人合一"的相关观念主张生命一体化，即人与自然本就是一个不可分割的整体，二者之间彼此相通、紧密相连。儒学在"性天同一"的思想基础上主张天人一体，反对人与自然的分割和对立。二是强调人道与天道存在的一致性。对于人与自然的关系，儒学的"天人合一"思想要求以天道观人道，以人道合天道。应重视人与自然之间的一致性，人要与自然合其德。人与天地本来就是依"道"而生成发展的，人尽心知性始，进而知天命，把握天道。三是主张人与自然共存及和谐发展。儒学的"天人合一"思想是对实现人与自然和谐交融的追求，一方面有效强调了对当前自然规律的尊重，另一方面也强调了要充分发挥当前人的能动作用。在儒学的相关基础上，"天人合一"思想主张人与自然的同生共存以及和谐统一，应保证天地相合以及天人和谐，这即是人生的最高境界。

2."天人合一"影响下的传统体育理论与实践

儒家天人合一思想深刻地影响着中国传统体育的发展,表现出典型的整体观特征,始终将人的整体性作为健身练习的出发点和归宿。中国传统体育把人与自然看作一个整体,强调天人合一;把生命的两个主要标志,即神与形视作一个整体,强调神形合一。这种整体的自然观和生命观在保健性、康复性体育活动中表现得尤其明显。它强调人与自然的统一和人的心理与生理的统一,主张通过身体锻炼以外达内,由表及里,由有形的身体活动促进无形精神的升华,实现理想人格的塑造。在体育活动的方式、手段上也形成了与之相适应的特点,高度重视心理状态的训练,一切肢体活动与心紧密结合,并服务于调节身心、锻炼意志,强调澄心如镜、形随神游。

比如,我国的太极拳讲究外形动而内心静,气功则要求外表静而内气运行,动静结合,动静无间,而静非无而常应,动非有而常寄,动中有静,静中有动,没有绝对的静止和运动。

(三)"中庸平和"的竞技体育思想

儒家倡导"中庸之道",认为"不偏谓之中,不易谓之庸;中者,天下之正道也;庸者,天下之定理"。中庸之"中"是居中不偏、恰到好处之意;中庸之"庸"是经常、平常之意。"庸"解释为"用"的意思,作为同音同意的原则来解释也能够说得通,中庸就变成了"用中"。"中庸"不是一分二为中,而是恰到好处为中,主张做事情要不偏不倚,无过无不及。可以说,圆融通达、刚柔并济、平实真切的中庸之道是儒家思想的核心价值。这一"中庸"思想深刻地影响着儒家的修身做人、为官为政之道,乃至于体育运动。

1.儒家中庸思想与传统体育

中国古代,按照中庸之道进行养生一直是养生的基本法则之一。许多儒家学者主张饮食有节、起居有常、七情调和、劳逸适度。孔子提出"君子有三戒:少之时,血气未定,戒之在色;及其壮也,血气方刚,戒之在斗;及其老也,血气既衰,戒之在得",认为不同年龄阶段的人在养生时要注意"戒色""戒斗"和"戒得"。荀子主张治气与养心相结合,并按照中庸之道去治气和养心,如荀子在《荀子•修身》篇中说,"治气养心之术:血气刚强,则柔之以调和;知虑渐深,则一之以易良;勇毅猛戾,则辅之以道顺;齐给便利,则节之以动止;狭隘褊小,则廓之以广大;卑湿重迟贪利,则抗之以高志"。

此外,儒家中庸思想对太极拳拳理及动作有重要影响。比如,静态时,太极拳上至头部下至脚部均体现着中正安舒、不偏不倚的体态;动态时,在习练太极拳的过程中仍要保证"立身中正",求脊背对正,求劲的中正。王宗岳在《太极拳论》中把"不偏不倚"与"无过无不及"作为太极拳的重要理论。可以说,太极拳理论中的"尾闾正中"以及"勿使有凸凹处、勿使有缺陷处"等,皆体现了"中庸之道"思想。

2. 儒家和合思想与传统体育

"和"的思想也是儒家的重要思想。儒家历来倡导和睦、和平、和谐、协和万邦。《论语》中说"礼之用,和为贵","君子和而不同,小人同而不和"。《中庸》说"中也者,天下之大本也;和也者,天下之达道也。致中和,天地位焉,万物育焉",将"和"思想蕴含的和顺、和畅、和美等由人类推及整个宇宙自然。孟子提出:"天时不如地利,地利不如人和。"荀子提出:"万物各得其和以生。"汉儒董仲舒在总结前人思想观点的基础上,系统地阐释了"天人之际,合而为一"的哲学理念,使"和"的思想由人伦自然范畴走向意识形态层面。"和"思想意味着不同事物之间的关系状态,正如《易经》所言"乾道变化,各正性命",具体来说就是承认不同事物之间的差异性和多样性,强调差异中的一致、矛盾中的统一。"和"在承认事物差异性、多样性的基础上,把落脚点放在不同事物彼此共存、相互交融、共同发展上,诚如《易经》所述"与天地合其德,与日月合其明,与四时合其序,与鬼神合其吉凶"。

贵和思想是儒家传统文化和合哲学思想的重要组成部分,也是中国传统文化和谐理念的基本价值原则。由于贵和思想的深层次影响,武术的技击功能也表现出浓郁的和谐文化。武术是以搏杀的形式产生的,自然打或者说技击是武术的本质,而武术又不追求打,不打是武术在发展中受到儒家"中和"价值观念的长期影响,同时也体现了中华民族"尚和""内敛"的文化气质。"武术之道的追求是技艺的最高境界,更表现为通过习武练拳而获得的一种生命体验、人生追求和人生价值,以及对天道自然宇宙的生化之理的体悟和感触。"

武术不再是一种拼死搏杀的生存本领,而成为一种追求对自我、对社会、对自然的和谐相处模式。"贵和"理念使武术追求尚德不尚武力,培养习武者礼让、谦虚、尊敬的态度,从而形成君子文化的教养手段或方式。虽然中国传统文化的思想、主张不同,但大都肯定了人与人、人与社会、人与自然的统一性,如"天人合一""中庸之道"。受其文化特性影响,习武者把武术的最高目标提升到一种新境界,即武术追求"不战""不争"的"和"方式,同时这也是武术发展从野蛮走向文明的过程。武术遵循"天和""地和""人和"的思想,并以之作为习武者习武的最高境界,从中国文化精神的角度来看这就是"和合"之道。"天人和谐"是习武者自身运动与自然身心合一的内在密切联系,要达到习武的最高目标,就要顺应自然规律并遵从武术的主要原则,即武术的拳理之道,更是武术"中和"哲学思想的最高追求。

（四）"仁者如射"的体育道德思想

儒学认为要实现"治国平天下"的理想,就必须培养出人的坚强意志、坚定品格和高尚道德情操。其中,最主要的道德伦理就是"仁"和"礼"。

儒家特别重视"仁",《论语》中关于"仁"字出现了 109 次之多。"仁"是一个内蕴极为丰富的伦理范畴,其核心就是"爱人"。孔子说"仁者爱人",主张应该用"仁"来处理伦理社会关系,人和人之间应该互相尊重、互助和友善。在"仁"的思想主导下,孔子提出"君子之争"之说,认为"君子无所争,必也射乎! 揖让而升,下而饮,其争也君子"。这也就是说,如果大家都是君子的话,每个人都志同道合,都能够达到"仁"的境界,那又为何非要争个胜负高低呢? 这种"君子之争",在体育运动中表现为运动员能够尊重对手、裁判、观众等,尊重对方的人格尊严,达到文质彬彬的风范和境界,以求能够与比赛的另一方和谐友好共处。因此,儒家提倡"礼射"。孔子曾把射箭当作体现君子风度的一个方面,认为"射有似乎君子,失诸正鹄,反求诸其身"(《中庸》)。孔子的射箭技术很高,与他行射乃至观射过程中,必须遵守礼仪的规范,无礼或者失礼者都不得与其射。孔子认为,射箭的人不在乎他们的技术水平有多高,而在乎这些人的道德水平。

孟子继承发扬了孔子的思想,认为"仁者如射,射者正己而后发,发而不中,不怨胜己者,反求诸己而已矣"(《孟子·公孙丑上》)。在孟子看来,"有仁德的人就像射手：射手先端正姿势然后才放箭；如果没有射中，不怪比自己射得好的人，而是反过来找自己的原因"。射箭必须先要"正己"，就像射箭一样先有个"瞄准"的过程，这个过程也就是"至诚之道"。所以，在儒家思想体系中，体育的道德意义是自我形成和完善的过程。

二、儒家优秀文化融入传统体育实践的历史逻辑

作为中国封建社会主导意识形态的儒家文化，在长期的历史发展嬗变过程中，对中国封建社会的政治、经济、文化各领域都产生了十分深刻的影响。中国传统体育作为一种社会文化现象，深受儒家思想的感染和塑造，在不同阶段呈现出各异的形态。历史上，儒家优秀文化积极融入传统体育实践中，并对中国传统体育发展产生了至深至大的影响。

（一）礼射：礼仪与射箭的融合

在以儒学为主体的中华优秀传统文化和传统美德中，"礼"是最基本的内容之一，处于十分重要的地位。礼在社会生活中的作用不言而喻，它是一个个体、一个组织乃至一个国家和民族内在的精神文化素养的显示。

1."礼"的内涵及价值意蕴

何谓"礼"？《礼记》中说"夫礼者，所以定亲疏、决嫌疑、别同异、明是非"，认为"礼"是用来帮助我们确定人际关系中的亲疏远近、判断事情的正与误、解决疑虑、分辨事物的异同、明确对错的道德规范。它缘起于原始社会时期的宗教祭祀仪式，随着祭祀仪式的日益复杂，在仪式中人们所遵循的规则也日益系统化。西周时期，周公制礼而使礼系统化、规范化和程序化。

儒家为什么如此重视"礼"呢？一是为了维持等级制度。国君、王侯、大臣、士，等级不同，礼节也就不同，如果没有礼的约束，一切都会没有遵循，国家就会混乱。二是为了维持社会关系秩序。人与人之间的关系构成了社会关系，这种关系在任何时代都是需要规范的，如果不加以规范，社会就很难实现文明，因为文明的主要标志就是作为社会的人在合理的规范中享有他应享有的权利。而在封建社会，为了更好地使社会关系保持连续和稳定，就更需要对各种相对关系做出规定。三是个人立身修养的需要。孔子一直崇尚礼，他认为不知礼就

无以立身。孔子说"兴于诗,立于礼,成于乐",把礼提高到立身、立家、立国的高度。他要求君子"克己复礼",不仅在立身方面要合乎礼的要求,而且从个人安危的角度,儒家也强调了礼的重要性,"人有礼则安,无礼则危,故曰:礼者不可不学也"。

2. 礼射的缘起及规制

礼射是中华礼仪文化的重要表现形式之一,是一种带有传统礼仪文化的射箭技艺,它将射艺、仁义道德、礼乐文化、舞蹈修身融为一体,迸发出新的活力。马端临在《文献通考•学校考》中指出,"夏代以射造士"。在夏朝,凭借射艺的训练来培养人才,夏朝设立的专门培养人才的场所称为"校",到了殷商时期,把学校称为"序","序者,射也",说明学校是学习射艺的场所,可以看出夏商周时期,在官方开办的学校里,射艺的教授就是一项非常重要的内容。《礼记》中记载:"是故古者天子以射选诸侯、卿、大夫、士。"可见,随着社会政治统治的发展,射艺已经不再仅仅作为一项技能或一种教化手段,而是走向了政治文化体系。为了维护奴隶社会的宗法制度,加强统治,周朝创建了礼乐制度。不管是祭祀、宴请之事,还是择士、婚礼、丧葬等活动,都需要遵循礼乐制度,使用能够充分表明主人身份地位的礼乐器,礼乐制度贯穿于社会的方方面面,对于人们实施由行为及思想的束缚。在这种背景之下,射艺由实用为主到教化作用的转变也成为必然,时人讲究的礼乐制度很多,其中就有乡射礼一项。射艺在庆典活动、祭祀、婚礼等方面多有应用。

先秦时期的礼射,主要包括大射、宾射、燕射、乡射四种形式。"凡礼射有四:一曰大射,君臣相与习射而射也。自天子以下至于士,皆有之,今惟诸侯《大射礼》存。二曰宾射,天子诸侯飨来朝之宾,而因与之射,亦谓之飨射……今其《礼》并亡。三曰燕射,天子诸侯燕其臣子或四方之宾,而因与之射;大夫士燕其宾客,亦得行之。……四曰乡射,州长与其众庶习射于州序,《仪礼•乡射礼》是也。而乡大夫以五物询众庶,亦用是礼焉。四者之礼,宾射为重,而大射为大。"《燕礼记》云"君与射,则为下射",《乡射礼》云"宾、主人大夫若皆与射,则遂告于宾","礼射不主皮,主皮之射者,胜者又射,不胜者降"。

"大射"是天子或诸候汇集臣下在大学里举行的;"宾射"又称"飨射",是天子或诸侯招待来朝觐的宾客时举行的;"燕射"为天子或诸侯宴请臣子或宾客而举行;"乡射"是州长与士人行乡饮酒礼后在州学举行的。其中,宾射与燕射均是为招待宾客而举行的,主要是娱乐及亲和来宾,如《周礼·春官宗伯·大宗伯》中有"以宾射之礼,亲故旧朋友"。《仪礼》中有《乡射礼》和《大射仪》两篇文献,记载了与之相关的仪式程序,二者主要区别就是召集人、行礼场所及参加的对象不同,但整个射礼仪式大体相同。从参与对象及举行场所看,乡射礼较大射礼具有更广泛的参与性。

3. 礼射的教育功能

"礼射"是带有儒家传统礼仪文化的射箭技艺,用于外修自身体魄、内修品格精神的练习射箭技艺的一种方式。射者在开弓射箭过程中,每个步骤张弛有度、礼仪严谨、行为规范,通过长期练习达到修身养性的目的,讲究谦和、礼让、庄重,提倡"发而不中、反求诸己",注重人的道德自省。《礼记·射义》记有:"故男子生,桑弧蓬矢六,以射天地四方。"家中有男孩子出生的时候,父母第一件事就是要用弓箭射天地和四方,希冀他将来成为一名胸怀大志的优秀男子汉,从小就习练礼射。礼射要求是头顶天脚立地,身正行端,对射者体型体态要求极高,这就属于体育功能的本质。

先秦时期,礼射对射技功能的要求已经逐渐降低,但对道德礼仪方面的要求表现出较强的教育功能。正如孔子所言:"射不主皮,为力不同科,古之道也。"也就是说,能不能射中兽皮,主要是取决于射手是否有足够的体能和技能,而这不是最主要的,应该对射手的道德和修养进行关注。因此,先秦时期的礼射已经逐渐演变成寓教于射、饰之以礼乐的体育活动。儒家思想认为,要想射中目标,射手自己首先要能够"持弓矢审固""内志正,外体直",即射手必须用礼仪来规范自己形体是否正直,引导自己心志是否中正。从先秦时期礼射的礼法可知,射手在礼射中的一言一行、一举一动、一步一式都必须体现出礼乐之道,符合一定的礼仪规范,"进退周还必中礼"。对于那些缺乏礼仪的人来说,即使他们具有勇力,但在礼射中也只能手足无措。而那些经过儒家整理和解释的礼射礼仪也包含着十分严格的等级制度和要求,例如《射义》开篇明义:"古者诸侯之射也,必先行燕礼。卿、大夫、士之射也,必先行乡饮酒礼。故燕礼者,所以明臣之义也;乡饮酒之礼者,所以明长幼之序也。"也就是说,每个射手的身份不同,他们在礼射过程中要认真定位好自己的志向和角色,每个人都要把箭靶作为自己道德标准来射,做臣子的要把箭靶当作臣子的标准来射,做君主的要把箭靶当作人君的标准来射,做儿子的要把箭靶当作儿子的标准来射,做父亲的要把箭靶当作父亲的标准来射,礼射能够使人各自安于父子君臣其位,各行其份,各尽其责,按照道德礼仪去做,达到明白"长幼之序"和"君臣之义",具有较强的社会教育功能。

4. 儒家礼射的兴盛

春秋战国时期,天下共主的社会秩序土崩瓦解,一时间礼崩乐坏,等级秩序不复往昔。而到了春秋中期,各国疲于战乱,社会也需要休养生息,于是各国纷纷订立协议,停止战乱,因而社会出现了一段较为安定的时期。儒家创始人孔子主张克己复礼,恢复礼乐制度。在儒家的六艺中,孔子更偏爱也更擅长御和射,孔子提倡射箭时的礼仪,宣扬其教化世人的作用。《礼记·射义》中说:"故射者,进退周还必中礼,内志正,外体直,然后持弓矢审固;持弓矢审固,然后可以言中,此可以观德行矣。"可见,当时一个人射箭的方式和技艺已经成为考察其德行的方式。《论语·八佾》中说:"君子无所争。必也射乎!揖让而升,下而饮。其争也君子。"孔子认为,射礼具有非常重要的教化功能,从赛前的礼让到赛后的共饮都应遵循礼仪规范,可以培养君子之风。也就是说,通过始终贯穿其中的礼让、揖让、饮酒、音乐伴奏来弱化其中的"争"的成分,让"不争"能够清晰地体现出来。礼射的正式形成便是从儒家的六艺教育开始的,经过后人不断著书立说、践行完善,已经成为礼射内涵与价值中举足轻重的一部分。

(二)武术:武技与道德的契合

在中国几千年的历史长河中,儒家文化源远流长,对当时的社会发展起到了重要作用。这种文化在经过岁月的淬炼后,对社会、经济、政治都会产生积极或消极的影响。作为中华优秀传统文化一部分的武术,必定会带有儒家思想的影子。

1. 儒家文化对武术技击的影响

中华武术是中华民族的瑰宝之一。武术今日之辉煌,筑基于数千年中华历史文化的沃土之上。中华武术之所以有着如此强大的魅力,是因为它在其发生、发展和日臻完美的过程中,有着其极为深厚的文化渊源,特别是它蕴含着深刻的儒家哲学思想。儒家思想文化是我国传统封建文化的核心,儒家思想对我们社会生活的各个方面都有着十分深刻的影响。武术作为中国优秀的传统文化,其技术风格形成深受儒家思想影响。

"天人一体"思想形成了武术内外合一、形神兼备的技术风格。在古老文明的中国,先哲们的各种哲学和多种学问所关心的一概是"天、地、人"的问题。儒学经典《周易》最早把一切自然现象与所有的人事吉凶,统统纳入阴阳两极组成的"八卦"之中,其主旨在于说明整体内部天、地、人的统合联系,阐释天地和日月系统之间的、人与事之间的规范和法则,以此来贯通理解宇宙万物神奇变化的属性,去分析世间万物和人类社会中的各种情由。

中国传统儒学的"天人一体"的思维方式,不仅注重从事物之间的相互联系与相互作用方面去把握理解对象,视整个宇宙为系统的有机统一,而且还注重从宏观整体上去审视认识对象,进而去思考整个宇宙、社会、人生之间的和谐统一,由此产生了儒学极力崇尚道德力量的超越及无限,形成了在人道基础上认识无道,使人道与天道达到统一,建立所谓的"天人一体"的思维方式。

在中华武术技术风格的形成和发展过程中,儒家文化的这一思维方式得到了全面的贯彻,对于武术内外合一、形神兼备技术风格的形成起到了重要作用,各门各派以及各种拳种的运动模式都融入了"天、地、人"三者统合一体的思维方式,具体体现在武术演练中"内外合一、形神兼备"的风格。

"内外合一"的技术风格。所谓"内",指的就是心、神、意等内在的心志活动和气息的运行;所谓"外",指的就是手、眼、身、步等外在的形体活动,内与外、形与神的相互联系统一是武术运动独特的技术风格。比如,少林拳要求"精、力、神"内外兼修,形意拳讲究"内三合,外三合",太极拳主张身心合修,要求"以心行气,以气运身","以意志引导动作",等等。可以看出,中华武术在套路技术上要求把内在精气神与外部形体的动作紧密配合,完整一气,做到"心动形随""形断意连""势断气连",以"手眼身法步"和"精神气力功"的高度和谐来达到一种忘我的境界,使内与外、形与神构成一个互相联系的统一整体,这一"内外合一"的技术风格,正是"天人一体"思维方式的具体体现。

"形神兼备"的技术风格。武术既讲究手、眼、身、步形体动作规范,又注重精、气、神传意,强调习练者的意象思维、主观"体悟",进一步发展到对动作演练所表现出来的精神、节奏及风格的追求,形成了武术"形神兼备"的技术风格。武术的气、韵、意、神等概念取决于儒家文化的"天人一体"思想。在"天人一体"的传统思维方式影响下,传统武术常常借用自然界的各种景象或动物的不同姿态比喻武术动作,比如"拳似流星眼似电,腰似蛇行步赛粘"等"八法"和"十二型"。"眼随手走""形神合一"的要求,可以表现武术动作的技术风格。当然,要表现出武术的这些内在美,仅有形似是不行的,还必须认识和领悟儒家文化"天人一体"的思想,自觉地加强这方面的武术文化修养,才可以提高竞技水平,达到"形神兼备"的艺术境界。因此,学习和了解儒家"天人一体"的文化思想,对于正确理解武术的运动规律,掌握武术"内外合一、形神兼备"的技术风格等,都具有重要的指导作用。

2. 儒家文化对武德的影响

武德是武术在几千年的实践和发展中,习武者不断从中华优秀传统文化中吸取营养和智慧,逐步形成的传统道德准则,是中华民族传统道德的重要组成部分,也是我们中华民族宝贵的精神财富。

（1）仁义和谦是武德尽善尽美的境界

"仁者,人也"是孔子对"仁"所做的最全面、最精确的解释。"仁"的字面意思是说,"仁"就是要像人那样去生活。进一步具体说,"仁"就是自觉不懈地追求理想人格,从而超越动物性自然人格的人生实践。简言之,"仁"就是人的理想人格化,其具体实践分为主观修己与客观待人两个方面。"主观修己"是根本,理想人格化必须从自身做起,但又须与客观济众相结合,以期实现整体社会的理想人格化。"仁"在一定程度上概括了人的全部道德意识,这也是习武者最高层次的品德追求和德行的最高境界。仁的基本含义就是用广博的爱心去爱一切人,仁的核心是梯,要求习武者具有师慈徒孝、兄贤弟恭、朋亲友爱。忠恕则是为人之方,要求习武者要忠于师门。更广义的理解,就是要忠于事业、民族和社稷,要与人为善,以爱人之心宽恕他人,求及安宁祥和。

自从教育家孔子提出了"仁"的思想以来,"仁"就成为中华民族道德精神的象征,它在各个历史时期、各种道德中,是最基本也是最高的道德目标。"仁"的核心思想是爱人,"仁者爱人"是一种和谐的伦理观,传统武术把"仁"当作最高的道德准则,形成了和谐的伦理观。

首先，武术各个门派都有一套完整而又严格的尊师重道、择徒授业、扬善惩恶的门规戒律。比如，黄百家在《内家拳法》中就记有"五不可传"，即"心险者、好斗者、狂酒者、轻露者、骨柔质钝者"不可传，充分体现了习武之前对人的品德的要求。把德性当作是武术的灵魂，做人的标尺，是门派门风的金科玉律，倡导一种凡事"德为先"的伦理思想。其次，这种和谐的伦理观，还体现在传统武术的技击之中。比如，两人交手时讲究点到为止，反对将对手致残、致死；武林中广为流传的"八打、八不打"等，都浸润着儒家"和为贵"的精神。另外，中国传统武术还强调人与大自然是一个和谐的统一整体，它要求人们在修为的过程中应追求人体自身与自然的相通相应，不断体悟着"人械合一""天人合一""物我合一"的境界。总之，中国传统武术以"和谐"为伦理思想的最高准则，使中国的习武之人成为世界武林高手中尚武崇德的光辉典范，受到了世界人民的尊敬。同时，中国武术传承下来的种种精神，也将会在全世界更加发扬光大。

（2）"协和万邦"是传统武术普遍的价值追求

在纪念诸葛亮的武侯祠中有一副十分有名的对联："能攻心则反侧自消从古知兵非好战；不审视即宽严皆误后来治蜀要深思。"这副对联充分地说明了中国军事家"知兵非好战"的思想和原则，也充分展示了中国文化"尚和合"的特性。与西方文化相比较，中国文化是偏于平衡协调的中和文化，西方文化则是偏于对立的斗争文化。中国文化讲对立而不对抗，强调"和实生物"，认为天时不如地利，地利不如人和，和则万事兴，和则两利，斗则两伤，"和"是事物发展的动力，由"和"而生的万物，相辅相成，相反相济，求同存异，共生共荣。

中国传统武术充分体现了人己物我的普遍和谐价值观，尤其是在技术方面，体现得更为明显。中国人这种追求和谐的价值观，对中国传统武术的发展有着非常深刻的影响，认为习武是为了防身，习武是为了"止戈"，而不是为了恃强凌弱，争强好胜。就算迫不得已与人交手的时候，虽然有"先下手为强"的说法，但同时"后发制人"更多地被作为一种技击理论和思想融入传统武术之中。有时候，习武之人也会相互比试、与人切磋武艺，但这都是"以武会友""点到为止"。中国传统武术技术上更为注重"以巧制胜"，尚技不尚力。凡属交手之类，礼让他先，后发先至，既是品质上的巨人，又是技术上的赢家。口服心服，技高一筹才是英雄形象的展示，又是和谐思想的折射。中华武术充分展示了习武者在习武过程中,追求人自我身心内外的和谐、人与人的和谐、人与社会的和谐、人与自然的和谐相通。作为中华传统文化一部分的中华武术,其中和思想对实现社会和谐和推动构建人类命运共同体有重要启发意义。

3. 宋明理学对中国武术的影响

宋元明清时期,中国传统武术渐趋成熟并走向繁荣,突出表现在哲理化拳派的出现、武术整体观的完善、武术崇"德"特色更加明显等方面。这一状况的出现,固然是多方面原因综合作用的结果,但与理学的积极推动亦有密切关联。

(1)哲理化拳派大量涌现

中国传统武术从原始格斗、武技发展而来,深受中国传统哲学思想的浸润与影响。及至宋明以后,中国传统武术发展出现了名目多样的拳派,如太极拳、八卦掌、形意拳、苌家拳等。这些拳派不仅名称冠之以中国传统哲学术语,而且其拳理也多取自中国传统哲学思想之中,尤其是理学的核心内容,如对"太极""心""气"等理论进行阐释,促进了中国传统武术的理论化进程,彰显了理学对传统武术理论的影响。

以"太极"理论为基础的太极拳。周敦颐继承了《周易》中的"太极"观念,兼采道家学说,著有《太极图说》。《太极图说》开篇即言:"无极而太极。太极动而生阳,动极而静,静而生阴。静极复动。一动一静,互为其根,分阴分阳,两仪立焉。阳变阴合,而生水、火、木、金、土。五气顺布,四时行焉。五行一阴阳也,阴阳一太极也,太极本无极也。"在周敦颐看来,无极与太极,并非二物。无极是对太极之状态的描述,或者说是对太极这一超验心出现时人的境界状态的描述。太极,也即所谓的诚、乾元、良知、道心、本心等,乃是宇宙万物阴阳变化的根本动力。

理学中的"太极"思想被武术家们所积极汲取,由此而奠定了太极拳拳理的基础。比如,清代武术家王宗岳在《太极拳论》中说:"太极者,无极而生,动静之机,阴阳之母也。动之则分,静之则合。"此外,在《太极拳释名》中,王宗岳对太极拳"十三势"进行了具体阐释:"太极拳——一名长拳,又名十三势。……十三势者:掤、捋、挤、按、采、挒、肘、靠,进、退、顾、盼、定也。掤、捋、挤、按,即坎、离、震、兑四正方也;采、挒、肘、靠,即乾、坤、艮、巽四斜角也,此乃八卦也。进、退、顾、盼、定,即金、木、水、火、土,此乃五行也。合而言之,曰'十三势'。"可见,王宗岳的太极拳不仅名称取用"太极"二字,而且其拳理中兼采太极、阴阳、八卦、五行之说,以八卦合五行而成十三势,使太极拳的理论和技术更富有哲理性。

苌家拳是以"气"本体论为基础的。先秦时期,"气"范畴即已出现。随着理学兴起,"气"论思想最终形成。张载认为"太虚无形,气之本体;其聚其散,变化之客形尔"(《正蒙•太和》),气未聚而无形的"太虚"是气的原始形态,气的聚散变化而形成宇宙万物。也就是说,物质性的"气"是天地万物的本体,整个世界统一于"气",无形的"太虚"和有形的万物,是同一物质实体"气"的不同存在形态。"太虚"无形,乃是气的本原状态;万物之生,由气聚而成;万物之灭,因气散而亡。这是一种必然的物质转化过程,气的变化规律即为"理"。南宋的杨万里对"元气一元论"加以阐发,认为"元气"是宇宙的唯一本原,"元气"的分合聚散导致宇宙万物生成变化。明代的罗钦顺提出"气是万物之源"的说法。可以说,关于"气"论的思想,历经宋、明代理学家张载、杨万里和罗钦顺等人不断阐发,发展成为一个完整的"元气实体论"哲学思想体系。

"万物取足于太虚,人亦出于太虚,太虚者心之实也。"理学家们认为,"气"不仅是世界的本原,也是人体构成的重要内容。如此一来,以"气"为本体论的理学思想势必会对以人体活动为根本的武术理论产生重要影响。正是在理学的长期熏染下,明清时期的武术理论家们把"气"本体论思想引入武术理论中,逐渐形成了以"气"为本体的武术理论。清代武术家苌乃周就是在"气"本体论基础上创立了苌家拳。苌乃周说,"中气者,即仙经所谓元阳,医者所谓元气,以其居人体之正中,故武备名曰中气"(《苌氏武技书•中气论》),"人自生以来,禀先天之神以化气,积气以化精。当父母媾精,初凝于虚危穴内。……真阴真阳,俱藏此中,神实赖之。"他认为,"气"是人体的本源,与人体生命攸关,须臾不可离。中气的培养,关键在于充实精与神,精与神合一,方能充实人身体之气力。据此,苌乃周还结合习武练艺之特点,总结出武术练习要"练形以合外,练气以实内",通过外练内修,培养"中气",达到外强内壮之功效。在《苌氏武技书》"二十四字气拳"中,以字论拳,一字一势,在气论的基础上论述拳法,构成了苌家拳的特点。所以,"二十四字气拳"中所说"阴""阳""承""停""擎"等二十四字,并非仅仅是在阐释二十四种招式,而是每一式中必有"气",以"气"

来统领拳势,实现"形气合练"。总之,以"气"论为基础的苌家拳,主张形神俱养、内外兼修,强调动静和谐统一,对武学理论创新发展具有积极意义。

（2）武术整体观渐趋完善

中国传统武术在其漫长的历史发展过程中,吸收了中国传统哲理思想精华,从理学"万物一体"思想设定出发,逐渐形成了"天人合一""形气合一"的整体观理论。

"天人合一"的整体观。"天人合一"思想萌芽于三代时期,至春秋战国时期得到初步阐发。孟子说:"万物皆备于我矣。反身而诚,乐莫大焉。"他认为,世上的一切完全为我所有,强调人与万物具有一致性。在接续孟子天人关系思想的基础上,张载在《正蒙·乾称》中说"儒者则因明致诚,因诚致明,故天人合一",明确提出"天人合一"的哲学命题。不仅如此,理学家还对天人关系进行了创造性阐释。二程认为"人与万物以理相通",朱熹主张"天人合一"就是与"理"为一。王阳明提出"天地万物与人原是一体,其发窍之最精处,是人心一点灵明",在他看来,人心即是天地万物之心,是人心使得天地万物具有意义。

在理学"天人合一"思想影响下,武术家认识到人是自然的一部分,必然要受到自然法则制约,遵循自然规律,习武要与宇宙自然紧密联系起来。武术家认为"拳是一个小宇宙,是大宇宙系统中的一个因子,只有并入大宇宙的运行图式中,顺乎自然规律才能无往而不胜"。《拳意述真》中讲:"人一小天地,无不与天地之理相合。"武术拳理主张人是一个小宇宙,天地是一个大宇宙,人与天地宇宙是相通相同的。因此,武术拳理要效法天地,取法自然。武禹襄在《太极拳谱》中说:"静如山岳,动若江河。迈步如临渊,运劲如抽丝。蓄劲如张弓,发劲如放箭。"对此,有学者指出"明清之际出现的太极拳,则是'天人合一'哲学思想的人格化演绎"。再如,长拳"十二型"则强调"动如涛,静如岳;起如猿,落如雀;立如鸡,站如松;转如轮,折如弓;轻如叶,重如铁;缓如鹰,快如风"。形意拳以仿效龙、虎、猴、马、鸡、燕、蛇等十二种动物的动作特征而创立。武术习练应该"与大自然的二十四节气、春夏秋冬四季变化相结合,循序自然变化规律,实现自身'内'与'外'的平衡,'阴'与'阳'的和谐"。许多拳种,如八卦拳强调要"择天时、地利、气候、方向而练之",少林拳主张要"每日早起练拳之先,必面向东方"。程大力先生也认为:"中国武术理论的相当部分,便建筑在人与宇宙同构、有共同的变化规律,人可以效法自然变化这一认识上。"对于武术习练者而言,习武注重与天时、地形、气候、方向相契合,识得"天人同构"之理,方能悟得武技之真谛。

"内外兼修"的整体观。宋明理学强调上达道体,下即器用,主张格物致知,穷理尽性。虽然其所探究的问题非常广泛,但主要围绕着心性义理、内圣外王问题展开。在理学家看来,"义理内化的心性,是人的'本心'、'善性';心性外化的义理,是人的'良知'、'良能'。心性借助义理规范而创造文化价值,义理依据心性智能而成就道德人格。心性与义理如此和合,天人不二,内外合一,尽心知性则知天,穷理尽性以至于命"。可见,理学家所倡明的是一种天命义理与人类心性和合无间、天人圆融、内外合一之道。同时,理学家非常重视《大学》中的八条目:格物、致知、诚意、正心、修身、齐家、治国、平天下。其中,前五条属于"内圣之学"的内容,而后三条为"外王之学",虽然没有把"外王"同"内圣"二者完全对等起来,但也注意到把二者联系起来而论。

理学家的内外合一、内圣外王思维方式与主张,也在一定程度上影响到武术的内外兼修理论构建。武术理论中很早就形成了"内实精神,外示安逸"和"布形候气,与神俱往"的习练要求,主张内外相合。比如,太极拳强调"以气运身,务顺遂",彰显的是外练内修拳术要求;长拳讲究"外练筋骨皮,内练一口气",以及"外练手眼神法步,内练精神气力功",强调"内外合一"练法;形意拳主张"内外三合","心与意合,意与气合,气与力合,肩与胯合,肘与膝盖合,手与足合"。此外,武谚中还有"练拳不练功,到老一场空"之说,告诫人们练功要坚持内外功一起锻炼,缺一不可,只有内外兼修,才能使武术更具魅力,更有助于人体健康。

(3)武术尚德倾向明显

儒家历来重视人伦、提倡道德,先秦时期已确立起"三纲五常"伦理规范。宋明时期,理学家对儒家伦理规范进行了创新性解释,使"三纲五常"伦理思想更加系统,更具哲理性。朱熹认为,人不同于禽兽,根本在于人讲"父子有亲,君臣有义,夫妇有别,长幼有序,朋友有信","五常"是天理在人类社会中的具体体现,是人性的必然要求。可以说,理学十分重视道德价值与道德原则,强调把道德原则引向社会生活的一切,把道德价值作为人追求的最高价值。正是在理学这一价值取向影响下,宋元明清时期武术重德特征愈加明显,逐渐形成了以"仁"为核心,以"礼"为准则,以忠、孝、节、义为形式,以"信"为根本的一整套道德价值体系。

武术习练以养德为要。"武者止戈也","武"之本意就是让学武之人在拿起武器之前应该先学会放下武器,通过武术练习锻炼心性、修养品德。武术的生命力不仅在于技击之精进,更在于武德之提升。宋明时期,在理学"存理去欲"修养思想影响下,武术各派在注重武术习练的同时,无不重视与强调武德,坚持"德"在"武"前的思想主张,视道德为通向高深武功境界的重要条件,正所谓"德薄艺难高"。所以,"欲练武,先修德"和"未曾学艺先学礼,未曾习武先习德"成为当时武术界的共识。武当内家拳就秉承了"横渠四句教",要求习武者应"为天地立心,为生民立命",做到止戈禁暴。

武术传承以道德为先。统武术各流派在传承发展过程中,无不强调把武艺传给"忠诚有志之士,平易谦恭之人"。如明代的《少林十条戒约》中有:"传授门徒,宜慎重选择,如确系朴厚忠义之士,始可以技术相传。"清初黄百家《内家拳法》中也规定了择徒之标准,心险者、好斗者、狂酒者、轻露者、骨柔质钝者不可传。显然,在这五种"不可传"的人中,前四种都是直指习武者的道德品性。清代梅花拳典籍《习武序》中也明确要求:"凡立教之始,务要他知孝悌忠信礼义廉耻之道……,凡传教之师,断不可重艺轻礼。苟授匪人,败名丧德。"

在中国传统伦理社会中,武术主要依靠"师—徒"模式传承的,故而对习武者在尊师方面有明确的道德要求,即习武者要尊敬长辈,孝敬师父,视师徒如父子。《少林拳术秘诀》中规定:"平日对待师长,宜敬谨将事,勿得有违抗及傲慢之行为。"清代《太极拳谱》中也列有"八不传五可授",几乎全是道德方面的具体要求。总之,从宋元明清时期业已形成的众多武术道德及其具体规范要求来看,它很大程度上是受到理学重视道德修养倾向影响的,带有理学思想的明显印记。

武术礼仪显礼让之美。"礼"是"德"的重要载体与表现形式,武术礼仪是习武者在日常生活和社会交往活动中均应该遵守的各种行为规范的总和,也是习武者精神面貌的一种体现。中国传统武术素有重礼节、讲礼法的传统,"学拳先习礼","为武师,须教礼"。武术礼仪中,最常见的礼仪是"抱拳礼",其中蕴涵了深刻的武术文化精神。左手为掌,意为四海为家莫称大;右手为拳,意指以武会友皆兄弟;两手环抱胸前手心向外前推,意在显示严以律己、宽容他人之胸怀。当然,武术礼仪蕴含着多个道德德目,其中"让"的精神颇为人们所看重。比如,拳友切磋武艺时,高手对低手要"点到为止",并尽可能让对手把自己的水平发挥出来;当与人之间发生争执,甚至对手准备出击时,也要尽可能地忍让,保持克制。可以说,武术礼仪中所彰显的"别""让"等武术精神与宋明理学中强调谦虚、礼让的伦理取向是一致的。

"武以德显",武术的真谛就在于重德、崇德。"中国武术通过无形的'德'将武术有形的'打'约束在'适度'的范围之内'能不打则不打',体现出习武的根本目的并不是打击或者伤害对手,而是迫不得已的时候能够防身自卫。"因此,高尚的武德是习武者经过"内外兼修"不断锤炼后而达到的一种高尚精神境界,彰显着人与人之间"和谐"相处之美,诠释着中华民族传统"厚德载物"精神,这也是理学家所强调的"德"观念在传统武术中的具体化,体现了理学思想对传统武术的深刻影响。

三、儒家优秀文化融入高校公共体育课教学的理论逻辑

追求更高、更快、更强的运动拼搏精神是新时代高校公共体育教育的应有之义,也是塑造大学生强健体魄、坚韧意志的必要手段。儒家优秀文化是一个内蕴丰厚的资源,可以以各种方式融入新时代高校公共体育教育中,从而为现代体育教学改革提供理论滋养和发展驱动力。

(一)儒家优秀文化中蕴含着丰富的体育教育资源

在儒家文化的影响下,形成以"礼"为中心、以"武"为主要内容的教育体系。同时,"仁"将身体运动、品德修养置于学习技能之前,"志于道,据于德,依于仁,游于艺"。整个社会以"礼"教育为主,体现了"乐"的重要价值;同时,为了维护奴隶制,贵族子弟也必须参加不可缺少的军事训练项目,以实现"射以选士",并且认为没有达到"仁"的境界之人是没有资格懂得射术,主张"君子无所争,必也射乎!揖让而升,下而饮,其争也君子"。

1. 儒家体育教育的丰富实践

（1）"射"与"御"

"射"是指射箭技术的训练；"御"是指驾驭马拉战车的技术训练。射、御是军事训练也是体育训练。旧石器时代晚期，人们已发明了弓箭。弯弓射箭既是为了狩猎，也是为了和其他部族争夺生活领地。而后者的需要随着时间的推移，越来越重于前者。射、御在西周的国学和乡学中都是重要的科目。据古籍记载，当时的"射"，已有"五射"，御也有"五御"。不仅如此，西周的射御训练已渗入更多的礼的内容，要求学习者不仅在思想上要有明确的志向和目标，在形式上也要合乎礼节仪式的要求。学习者既要掌握严格的射、御技能，又要养成良好的军体道德。西周时期的这些创建，既体现了奴隶制等级观念的发展，也促进了军体训练的程式化。

西周射御训练的尊"礼"，对我国形成重视军体道德的优良传统有一定影响。"五射"是古代举行射礼的五种射箭法，即白矢、参连、剡注、襄尺、井仪。"五御"是古代驾车的五种技术，即鸣和鸾、逐水曲、过君表、舞交衢、逐禽左。从"五射"的方法和"五御"的技术来看，射御概括了射箭和驾车技艺的各个方面。

射与御都属于实践性很强的技能。在上古时代，射御是为社会所重视的军事作战技能，但射的性质到了周代发生了变化，由军事训练演变为一种普遍性的人民活动，被纳入礼仪之内，这使得射成为孔子私学教育的内容更具可能性。射御的连带称呼，如同礼乐一样，由于其内容的互补性，被人合二为一，作为一个整体来谈论。孔子本人不但车技不错，还很懂得驾车之礼。根据《论语·乡党》篇的记载，孔子"升车，必正立，执绥。车中不内顾，不疾言，不亲指"。也就是说，孔子登上去站得直直的，"绥"就是登车时用绳子做的一个拉手。在车上等候，孔子很注意礼节仪式，不会东张西望，不会很快地讲话，也不指指点点。在《论语》中"射"字出现五次，"御"字出现三次，综观其内，这足以说明在日常生活及教学之中，孔子对弟子是进行射御知识教授的。比如，"君子无所争。必也射乎！揖让而升，下而饮。其争也君"。（《论语·八佾》）孔子对比赛射箭的礼仪非常在乎，认为这是君子唯一可争的事，但这种竞争比赛，君子须以礼对人，是要讲恭敬、撙节、退让些规矩的。

孔子对驾车之术是很在行的,他的私学教育中涉及了射御的内容,而且我们可以看出孔子射御之教更注重的是道德礼节、待人接物的仪式。《史记·孔子世家》中记载:"其明年,冉有为季氏将师,与齐战于郎,克之。"季康子曰:"'子于军旅,学之乎?性之乎?'冉有曰:'学之于孔子。'"冉有的作战本领是从孔子那里学来的。由此可知,孔子是对冉进行过"御"的教育。孔子"习射于矍相之圃,盖观者如堵墙。射至于司马,使子路执弓矢,出列延,谓射之者曰:'贲军之将,亡国之大夫,与为人后者,不得入,其余皆入。'"孔子带领弟子习射于"矍相之圃",引来了众多的参观者。贲军将无勇,亡国之大夫不忠,与为人后者不孝。子路陈此三者,让看的人心生畏惧,所以是"去者半,入者半"。

(2)孔子的军事体育

首先,孔子在他的教育活动中十分重视军事体育,培养了很多能文能武的人才。据《史记·孔子世家》记载:"弟子盖三千焉,身通六艺者七十有二人。"与孔子很亲近的子路,就是一位能文善武的学生,孔子非常赞赏他勇的优点,故有"由之勇,贤于丘也"的记载。据《论语》《史记》等记载,孔子的弟子子张、公良孺、冉有等都是身体强健、武艺高强的勇士。顾颉刚先生在《史林杂识初编》中说,孔子许多高徒中,"有若,似孔子者也"。《史记·孔子世家》还记载:"冉有为季氏将师,与齐战于郎,克之。季康子曰:'子之于军旅,学之乎,性之乎?'冉有曰:'学之于孔子'。"这些史料足以充分说明孔子在教学实践活动中注重教授军事体育,而且还十分重视军事体育,其内容不仅仅局限于射箭、驾车,还包括枪、棍、格斗等丰富内容。不然他不会培养出那么多能文能武的弟子。

其次,孔子身体力行,积极参加军事体育活动。孔子不仅射术、驾车技艺高超,而且是一个体格强健、力大无比的勇士。《论语·述而》记载:"子钓而不纲,弋不射宿。"讲述了孔子不用带多钩的长绳钓鱼,只射飞鸟而不射已经归巢的鸟。按孔子自己所说,其驾车比射术更胜一筹。《吕氏春秋》记载:"孔子之劲,举国门之关,而不肯以力闻。"《淮南子·主术训》中还记载:"孔子……勇服于孟贲,足蹑郊菟,力招城关,能亦多矣。"孔子之所以能具有这样的体格、气力和武艺,如果不经常从事军事体育活动,是不可能获得的。

2.儒家文化影响下传统体育礼仪

传统体育与礼仪的结合始于先秦而发展于汉后。中国原始社会就有一种近于礼仪体育的娱神舞。周代以后,射礼成为典型的体育礼仪形式,从天子的帝王祭祀、燕礼到地方的乡射礼、乡饮酒礼、射礼都是其中不可或缺的内容。至汉"罢黜百家,独尊儒术"以后,儒家礼学开始了对中国思想近两千年的统治。儒礼继承了先秦礼学思想,同时宽容了释、道的存在。这使得先秦形成的射礼得以保存,并又催生了武术礼仪、养生礼仪等其他形式的体育礼仪及舞龙狮、秧歌、登高等节庆礼仪体育形式。

(1)儒家体育礼仪文化"仁"的特点

作为中国传统文化主体的儒学,经过潜移默化的长期发展历程,早已由一种思维模式积淀和演化为一种主要的文化心理结构。传统体育礼仪作为一种社会文化活动,必然与当时的文化背景有着千丝万缕的联系。孔子将体育视为一种礼仪活动,并且将这种礼仪作为人的体育活动中的道德界限和行动标准。而教育中宣扬的体育思想以及提倡的体育活动则是孔子实施"仁"教化的一种手段,是为了把教育者变成理想的"仁"人。"仁"与"礼"体现了以"道德教化"为根本的事前控制和以"齐之以礼"为特征的外在控制方式。可以说,"礼"是人具有道德的外在表现,礼既体现了外在体育道德的表现,又体现了对当时体育的一种规范约束。这样,中国传统体育文化基因的特点在外表现为"礼",在内蕴含着仁。因此,植入了儒学文化观念的传统体育礼仪文化,无论在其具体操作还是文化内涵方面,都深受儒学的基本价值观念的影响。

(2)儒家体育礼仪文化的恭敬谦让特点

君子以守礼为第一要义,而作为道德要求,其基本精神便是恭敬礼让,无论对待人生、他人和社会,都必须严肃认真、谨小慎微。对己而言,正心需有诚意;对人而言,事父母须尊敬,事君须忠敬,与朋友交须诚敬。对自己的职责,必须兢兢业业。概而言之,行于己须恭,事于人须敬。由于这些因素的影响,中国传统体育礼仪也形成了恭敬谦让的内在伦理。因此,孔子把恭敬作为"君子之道"的重要内容。"子谓子产,有君子之道四焉:其行也恭,其事上也敬,其养民也惠,其使民也义。"(《论语·公冶长》)礼让而谦逊。无论恭与敬,必须以礼为标准,若不依于礼,则恭将变得自卑,只有依于礼,立于礼,才能恭敬无不失自尊。孔子说"君子无所争"(《论语·八佾》)"君子争而不争"(《论语·卫灵公》),都必须立于礼来解释,坚持一定道德原则的不争,才能成为谦逊的美德。君子的礼让、谦逊,是对骄傲自大的否定,而不是对现实的消极逃避,它是人际关系的行为规范,而不是人生的处世原则。例如中国的武术,由于礼乐教化的客观环境,习武者逐渐形成尊师重道、师承严格、武德戒律、身心双修的礼仪行为准则,这些礼仪行为准则和规范经过历史的梳理、文化的积淀,不断完善、充实,使习武者形成恭敬谦让的优良传统。

(3)儒家体育礼仪的中庸和谐特点

"贵和谐,尚中庸",是以儒家文化为核心的中国文化的基本精神之一。中国传统体育礼仪十分讲究和谐,要求实现自然界的和谐统一,人与人之间以及人与自然的和谐统一,认为"是君子就应该重和去同,世界的最高境界就是天下和平"。礼学认为,"中道""中庸"是达到"和谐"的根本途径。中庸渗入社会生活中,影响着人们生活的方方面面。中庸在影响中国传统体育产生、发展的基础上,还将继续影响我国体育实践的未来。在儒家"中庸之道"思想影响下,泛和谐成为中国传统体育追求的境界,个体和谐、人际和谐、天人和谐,逐步形成了"君子之争,以和为贵"的伦理型竞技。在和谐观点指导下,儒家体育讲究人与人的友善,追求人体与自然的统一,强调人是宇宙的一部分,反对人与人的对抗,反对人对自然的独立、挑战和对抗,而强调二者的统一,逐步形成了中国传统体育礼仪形式。

(二)弘扬优秀传统文化与推进体育教学改革目标相契合

中华民族五千多年文明历史发展中所孕育的中华优秀传统文化,代表着中华民族独特的精神标识,是中华民族生生不息发展壮大的丰厚滋养。在新时代,弘扬优秀传统文化,具有重要的价值意义。

弘扬优秀传统文化是育人铸魂的工程,具体包括以下几方面。

中华优秀传统文化中蕴含着丰富的核心思想理念。中华民族和中国人民在修齐治平、尊时守位、知常达变、开物成务、建功立业过程中培育和形成的基本思想理念,比如革故鼎新、与时俱进的思想,脚踏实地、实事求是的思想,惠民利民、安民富民的思想,道法自然、天人合一的思想等。传承发展中华优秀传统文化,就要大力弘扬讲仁爱、重民本、守诚信、崇正义、尚和合、求大同等核心思想理念。

中华优秀传统文化中蕴含着丰富的人文精神。中华优秀传统文化积淀着多样、珍贵的精神财富,比如求同存异、和而不同的处世方法,文以载道、以文化人的教化思想,形神兼备、情景交融的美学追求,俭约自守、中和泰和的生活理念等。传承发展中华优秀传统文化,就要大力弘扬有利于促进社会和谐、鼓励人们向上向善的思想文化内容。

中华优秀传统文化中蕴含着丰富的中华传统美德。中华优秀传统文化蕴含着丰富的道德理念和规范,比如天下兴亡、匹夫有责的担当意识,精忠报国、振兴中华的爱国情怀,崇德向善、见贤思齐的社会风尚,孝悌忠信、礼义廉耻的荣辱观念等。传承发展中华优秀传统文化,就要大力弘扬自强不息、敬业乐群、扶危济困、见义勇为、孝老爱亲等中华传统美德。

新时代,大力开展中华优秀传统文化教育,对于永续中华民族的根与魂,坚守中华民族的共同理想信念,筑牢民族文化自信、价值自信的根基,维护国家文化安全,增强国家文化软实力,培养大学生做堂堂正正的中国人都具有重要的意义。

四、儒家优秀文化融入新时代高校公共体育课教学的实践逻辑

以儒家文化为主体的中华优秀传统文化博大精深,源远流长,延续着我们国家和民族的精神血脉,是凝聚国魂、振奋民心的深沉的力量。传承中华文明,复兴和传播优秀传统文化,以文载道、以文化人,是高校教育的责任和使命。深度挖掘、辨析和研究中华优秀传统文化资源,寻求有效路径进行优秀传统文化教育,使之与当代中国高等教育实现价值、功能上的同频共振,不但是党和国家的要求,而且已成为诸多高校的共识和目标。

(一)弘扬中华优秀传统文化的客观需要

党的十八大以来,以习近平同志为核心的党中央高度重视中华优秀传统文化的传承和弘扬,强调指出"中华优秀传统文化是中华民族的突出优势,中华民族伟大复兴需要以中华文化发展繁荣为条件","中华文化源远流长,积淀

着中华民族最深层的精神追求，代表着中华民族独特的精神标识，为中华民族生生不息、发展壮大提供了丰厚滋养"，"要认真汲取中华优秀传统文化的思想精华和道德精髓"，"中华优秀传统文化是中华民族的文化根脉，其蕴含的思想观念、人文精神、道德规范，不仅是我们中国人思想和精神的内核，对解决人类问题也有重要价值。要把优秀传统文化的精神标识提炼出来、展示出来，把优秀传统文化中具有当代价值、世界意义的文化精髓提炼出来、展示出来"。可以说，习近平总书记关于传承和弘扬中华优秀传统文化的系列重要论述，立意高远、思想深刻、内涵丰富、脉络清晰，全面阐释了中华优秀传统文化的丰富内涵与基本特征，深刻揭示了中华传统文化的历史地位与时代价值，明确指出了传承和弘扬中华优秀传统文化的科学方法与基本路径，标志着中国共产党人对中国传统文化的认识提升到新的境界，为新形势下传承和弘扬中华优秀传统文化提供了根本遵循。

为了更好地传承和弘扬中华优秀传统文化，中共中央办公厅、国务院办公厅、教育部等部门多次下发文件和通知。如《完善中华优秀传统文化教育指导纲要》（2014）中指出，"鼓励有条件的高等学校统一开设中华优秀传统文化必修课，拓宽中华优秀传统文化选修课覆盖面"；《关于实施中华优秀传统文化传承发展工程的意见》（2017）中指出，"围绕立德树人根本任务，遵循学生认知规律和教育教学规律，按照一体化、分学段、有序推进的原则，把中华优秀传统文化全方位融入思想道德教育、文化知识教育、艺术体育教育、社会实践教育各环节，贯穿于启蒙教育、基础教育、职业教育、高等教育、继续教育各领域"；《高等学校课程思政建设指导纲要》（2020）中指出，"打造一批有特色的体育、美育类课程，帮助学生在体育锻炼中享受乐趣、增强体质、健全人格、锤炼意志"等，要求多渠道推动优秀传统文化的传承。

（二）推动高校公共体育课教学改革的现实需要

公共体育是当前高校教学中的重要课程，学校不仅要提升大学生的文化知识技能，同时也要对大学生的体育能力和素养进行有效的培养和提升。开展高校公共体育课教学改革，促进公共体育课教学模式创新，是满足素质教育的必然要求，是提升大学生体质体能的有效途径，也是促进大学生身心健康发展的重要方式。

　　高校公共体育课教学虽然经过长时间的调整及创新,已经有了较为突出的改革成果,但是从目前高校公共体育课教学的开展实际来看依旧存在着一些不容忽视的问题。比如,过分追求学生对体育知识的理解和掌握,忽视了体育教学的德育功能;德育教学在高校公共体育课教学中开展较为落后,学生德育培养需要在日常的教学中时时刻刻进行,传统的体育教学模式过分追求教学实践的开展,忽视了对学生精神道德素养的塑造,无法充分发挥高校特有的育人功能。

　　中华优秀传统体育项目进校园成为新时代学校体育工作的重要内容,承载"弘扬中华体育精神"的教育使命。新时代高校公共体育课教学适度融入传统文化的内容,具有传播文化和增进教育的双重意义,可以弥补原有传统体育教学功能上的单一与不足,充实教学内容、增进教学内涵,满足众多学生不同的兴趣选择,更好地培养学生从事体育锻炼的兴趣和能力。同时,面对当今全球文化相互交融、相互激荡的实际,我们应该着眼于民族、国家乃至人类生存共同体的角度来传承、发展民族传统体育,弘扬优秀民族传统文化。

第四章

儒家优秀文化融入高校公共
体育课教学的现状分析

习近平总书记在党的十九大报告中指出:"坚持创造性转化、创新性发展,不断铸就中华文化新辉煌。"儒家优秀文化中蕴含着丰富的体育思想与实践,对新时代高校公共体育课教学改革具有重要启示意义。当前,我国高校公共体育教育教学中虽然在将儒家优秀文化融入方面进行了一定的尝试,开设了武术、射艺、棋类、龙舟等浸润着儒家优秀文化的体育课程,对于推动优秀传统体育文化进校园取得了一定成效,但从整体上看,儒家优秀文化融入高校公共体育课教学过程中,还存在着理论匮乏、实践乏力、师资不足等较为突出的问题。这些问题的存在,固然是多方面因素共同导致的结果,但必须高度重视并妥善解决,才能保证融入的实效性。

一、儒家优秀文化融入高校公共体育课教学的主要成效

儒家优秀文化能不能融入高校公共体育课教学,如何融入,融入后有什么效果,融入过程中会产生哪些问题,对这些问题不仅要在理论上进行分析推理,更需要在实践中进行检视。为此,笔者所在课题组以山东省内两所部属高校和八所省属高校一千两百名大学生和二十位教师为研究对象,采用学生问卷和教

师访谈形式,对儒家优秀文化融入高校公共体育课教学现状进行实证研究,收集一线教学教师和学生的需求和反馈,调查高校公共体育课教学中儒家优秀文化融入的现状与问题,为新时代高校公共体育课程改革和一线体育教师开展教学活动提供参考。

（一）弘扬儒家优秀文化意识不断增强

习近平总书记指出,"孔子创立的儒家学说以及在此基础上发展起来的儒家思想,对中华文明产生了深刻影响,是中国传统文化的重要组成部分","研究孔子、研究儒学,是认识中国人的民族特性、认识当今中国人精神世界历史来由的一个重要途径"。儒学有其形成的广阔背景,有内蕴丰富的博大体系,有漫长的发展历史。把握儒家思想之大体,有利于我们更好地传承与弘扬中华优秀传统文化。

在对"您对儒家优秀文化是否感兴趣"问题的调研中,学生们大多认为山东作为儒家文化的发源地,对儒家文化的内容较为熟悉,也愿意了解儒家文化的内容。其中,有95.6%的大学生表示"感兴趣",有4.1%的大学生表示"一般",100%的被访谈教师表示"感兴趣"。

在对"您是否认同儒家文化中的孝悌忠信礼义廉耻"问题的调研中,学生们大多认为"孝悌忠信礼义廉耻"这"八德",是中华传统美德,也是儒家文化中的重要伦理范畴,已经沉淀成为中华民族的精神基因,不能无德也不能失德。其中,有97.4%的大学生表示"非常认同",有2%的大学生表示"认同",100%的被访谈教师表示"认同"。

在对"您认为儒家文化在今天是否应该大力继承与发扬"问题的调研中,学生们大都认为儒家优秀文化内蕴丰富、博大精深,其中包含着丰富的修身做人、为官为政的思想智慧,具有重要的现实意义与价值,应该大力继承和弘扬。其中,有98.4%的大学生和99.5%的被访谈教师表示"应该继承"。

在对"您对目前儒家优秀文化进校园是否满意"问题的调研中,学生们大多认为儒家优秀文化进校园意义重大,有助于推动中华优秀传统文化的传承与弘扬,也有助于丰富校园文化生活,增强对传统文化的认同。其中,有56.2%的大学生表示"非常满意",有15.3%的大学生表示"满意",还有28.1%的大学生表示"有待加强"。

在对"您认为目前儒家优秀文化进校园中存在的主要问题是什么"问题的调研中,有34.5%的大学生表示"重形式、轻内容",有45.1%的大学生表示"形式单一",有19.7%的大学生表示"效果不理想"。

总起来说,目前高校师生对儒家优秀文化重要性的认同度还是比较高的。一方面,这有利于儒家优秀文化融入高校公共体育课教学的推进;另一方面,这也为儒家优秀文化融入高校公共体育课教学提出了更高的要求与期待。

(二)高校公共体育课教学育人实效提升

体育是教育的重要组成部分,其功能既包括锻炼身体、增强体质,也包括塑造品格、养成精神。体育的育人功能内涵丰富,关键是培养学生的体育精神,包括坚韧不拔的意志、团结协作的精神和遵守规则的意识等。

在对"您是否对大学公共体育课感兴趣"问题的调研中,有84.5%的大学生表示"感兴趣",有10.2%的大学生表示"一般",有2.4%的大学生表示"不感兴趣"。

在对"您认为体育课的主要作用有哪些"问题的调研中,有57.3%的大学生表示"育人＋育体",有13.8%的大学生表示"育体",有27.5%的大学生表示"育人"。

在对"您认为大学公共体育课教学中存在的主要问题是什么"问题的调研中,有63.1%的大学生表示"内容枯燥",有27.7%的大学生表示"方法单一",有7.4%的大学生表示"管理松散"。

在对"您认为体育课中是否渗透着课程思政的内容"问题的调研中,有54.2%的大学生表示"有渗透",有38.9%的大学生表示"不明显",有4.7%的大学生表示"没有"。

在对"您认为应该如何提升高校公共体育育人实效"问题的调研中,有44.7%的大学生表示"充实教学内容",有37.1%的大学生表示"改进教学方法",有9.6%的大学生表示"提升教师素质"。

总体来说,随着我国高等教育教学改革的不断加强和高校课程思政建设的不断推进,高校公共体育课教学的育人价值日渐凸显,体育育人的实效性不断提升。同时,这也为高校公共体育课教学改革提出了新的要求。

二、儒家优秀文化融入新时代高校公共体育课教学存在的主要问题

理论是行动的先导、实践的指南,只有科学的理论指导,才会有正确的行动。要推动儒家优秀文化融入高校公共体育课教学,必须有正确的理论作为指导。事实上,将儒家优秀文化融入新时代高校公共体育课教学是一项全新的研究课题。近年来,我国学界对这一问题的研究取得了不少研究成果,但在高校公共体育课教学实际改革中,对"融入"诸多理论问题的思考与探讨还有待进一步深入。

(一)"融入"理论尚显匮乏

目前,在高校公共体育实际教学改革中,对于儒家优秀文化"为什么融入""融入什么""怎样融入"等问题的认识仍普遍存在表层化、形式化问题,难以为"融入"实践提供有效理论支撑。

1."融入"的理据认识不足

为什么要将儒家优秀文化融入新时代高校公共体育课教学呢?这是关乎儒家优秀文化融入新时代高校公共体育课教学的必要性认识。在审视这一重要的"前提"问题时,很多学者习惯于从儒家优秀文化或高校公共体育课教学两者中,一方之于另一方的价值视角论述"融入"的必要性。比如,有学者认为,将儒家优秀文化融入高校公共体育课教学,将有助于推动儒家优秀文化实现创造性转化与创新性发展,同时还有助于高校公共体育课教学更好地落实立德树人这一根本任务等。不可否认,这从不同角度看到了儒家优秀文化与高校公共体育课教学融合的必要性与重要意义。但是,这也存在一个明显的缺陷,即把儒家优秀文化与高校公共体育课教学看作两个彼此完全独立的方面,以一种静态化的、单向度的方式来审视一方对另一方的价值,进而忽视了儒家优秀文化与新时代高校公共体育课教学在实际发展过程中彰显出的一种互动共生关系。事实上,这种互动共生关系表现为两者在新时代高校公共教学实践中的相互促进、协同发展。

(1)教师对"融入"的重要性认识不足

在对教师访谈时,问及"您所在的学校,是否有将儒家优秀文化融入公共

体育课教学的情况"时,有 62.2％的老师表示"有融入",27.9％的老师表示"不明显"。这说明,有些高校在进行公共体育课教学时,对儒家优秀文化有融入,但是并不明显,也没有采取有效的手段促进这一融入的实现。

在对教师访谈时,问及"您认为,将儒家优秀文化融入高校公共体育课教学是否有必要"时,有 73.1％的老师表示"有必要",25.3％的老师表示"没有必要"。这说明,有些高校在进行公共体育课教学时,对儒家优秀文化的融入总体上是认可的,但是也有近 1/4 的老师是不认可的,对融入的重要性认识明显不足。

（2）学生对"融入"存在一定程度的漠视

在对"您是否了解儒家优秀文化融入高校公共体育课的相关活动或项目吗"问题的调研中,有 41.2％的大学生表示"比较了解",有 46.3％的大学生表示"不了解"。

在对"您认为开展儒家优秀文化融入体育课的有关活动重要吗"问题的调研中,有 39.7％的大学生表示"比较重要",有 50.1％的大学生表示"不重要"。

在对"您认为将儒家优秀文化融入高校公共体育课教学的意义有哪些"问题的调研中,有 36.4％的大学生表示有助于"推动优秀传统文化传承",有 40.7％的大学生表示有助于"推动高校公共体育课教学发展不重要",但是也有 18.6％大学生表示"不知道"。

总体来说,儒家优秀文化融入新时代高校公共体育课教学具有独特价值,如果不能深刻领会其中的重要价值,就难以捕捉到两者间的融合点,更难以推动儒家优秀文化与高校公共体育课教学实现深度融合,致使现实教学中出现儒家优秀文化融入高校公共体育课教学的浅层化、形式化等问题。

2."融入"的路径认识不清

对于儒家优秀文化融入高校公共体育课教学的问题,长期受困于一种浅表化的融合状态之中。这本质上是一种机械僵化的形式主义融合,并未从根本上实现儒家优秀文化与高校公共体育课教学之间的实质沟通与交融。

儒家优秀文化融入新时代高校公共体育课教学是全方位的融入。一是价值体系的融入。将儒家优秀文化融入高校公共体育课教学课,首要任务就是从理论的高度把习近平总书记关于中华优秀传统文化,尤其是儒家优秀文化的重要论述融入进去。党的十八大以来,习近平总书记多次对中华优秀传统文化的思想精华与价值精髓、创造性转化与创新性发展等进行系统论述,并集中对中华优秀传统文化的时代价值进行了科学概括,他指出:"中国优秀传统文化的丰富哲学思想、人文精神、教化思想、道德理念等,可以为人们认识和改造世界提供有益启迪,可以为治国理政提供有益启示,也可以为道德建设提供有益启发。"这里突出强调了中华优秀传统文化对人们认识和改造世界的哲学价值、在我国道德建设中的教化价值与指导国家治国理政时的治理价值。价值体系的融入就是要求将以上三大价值融入高校公共体育课教学课之中。二是思想体系的融入。儒家优秀文化中的思想体系是中华优秀传统文化的理论形态,表征着中华民族特有的思想智慧与思想风格。为此,要在新时代高校教学的视域下解读中华优秀传统文化中的思想观念体系,以提升大学生的文化自觉与文化自信,引导其在整体上理解儒家优秀文化的思想脉络与核心要义。三是教化体系融入。高校公共体育课是高校落实立德树人根本任务的重要课程,儒家优秀文化中蕴含着丰富的道德教化资源,运用好这些资源对于培养担当民族复兴大任的时代新人意义重大。基于此,高校公共体育课要努力促进道德教化体系的融入,充分利用儒家优秀文化中蕴含的道德教化资源培育青年学生的道德人格与理想信念,借鉴其道德教化方式以塑造时代新人。四是话语体系融入。在过去的教学过程中,一个不可忽视的现象就是教辅书中大量使用西方案例来阐释高校体育教学基本原理,进而消解了儒家优秀文化在高校公共体育课教学课解释力中的话语权。为此,当前要实现话语体系的重构,努力把中国古代经典的文化典故、思想理念、历史经验等作为阐发高校公共体育课程教学的生动案例及历史素材。话语体系的全面融入将增强教师与学生的文化切己性和体验性,在教与学两方面都会有充实的文化获得感。

目前,很多高校尽管认识到儒家优秀文化融入公共体育课教学非常有必要、有价值意义,但对教学实践中如何融入缺乏清晰的认识,也尚无具体的举措,只是开设了武术、射艺等体育课程。这种简单化的、浅层化的"融入",很大程度上影响了"融入"的实效性,对优秀传统文化的传承和公共体育课教学的改革,难以起到实质性的推动作用。为此,我们需要在教学内容上重构设计,从而在高校公共体育课教学课中完成两者从形式到内容的有机结合。

3."融入"的效果评价不准

教学评价是依据教学目标对教学过程及结果进行价值判断并为教学决策服务的活动,是对教学活动现实的或潜在的价值做出判断的过程。教学评价一般包括对教学过程中教师、学生、教学内容、教学方法手段、教学环境、教学管理诸因素的评价,但主要是对学生学习效果的评价和教师教学工作过程的评价。教学评价的两个核心环节:对教师教学设计、教学组织、教学实施等的评价;对学生学习效果的评价——考试与测验。评价的方法主要有量化和质性评价。

长期以来,我国对高校教学的评价,重视目标达成度的终结性评价,强调结果,忽视发展过程,缺乏对投入与产出的效益比较,只考虑了"产出"差距而不考虑学生的"投入"差距。

儒家优秀文化融入高校公共体育课的效果如何,不能简单地用学生期末考试成绩达标与否来衡量。儒家优秀文化融入高校公共体育课教学,更多的是强调"育人效果"的问题,是灵魂的唤醒与培育问题。目前来说,对儒家优秀文化融入高校公共体育课的效果评价,有两方面的困难。其一,融入成效主要围绕提高学生思想水平、政治觉悟、道德品质而展开。不过,这些内容难以量化并形成一系列行之有效的考评标准。有外强而中干者,有道貌而岸然者,有半途而废者,有所谓的"两面派""两面人"者。其二,十年树木,百年树人。对人德性素养的提高,是一个潜移默化的过程,需要经年累月之功。

可以说,目前在融入效果评价方式方面,还尚未建构起"理论、认知、情感、行为"四位一体的评价模式,尚未做到"价值、理论、实践""三重逻辑"的"融入",道德宣教色彩严重,缺乏必要的学术性、学理性融入。

儒家优秀文化融入高校公共体育课程教学,既需要深入研究内容,还需要科学的方法。有的课堂教学以知识教育为主,没有很好体现价值性和知识性相统一的要求,只有知识教育、强调知识点背诵,不注重价值观引导,无法体现"有机融入",学生感觉与之前课堂无异,教师教给学生中华优秀传统文化的知识,却无法使之产生情感共鸣。有的课堂教学注重理论教育,没有很好体现理论性和实践性相统一的要求,只是按照教案讲理论、讲观点、讲结论,却没有讲理论产生的背景、理论指导下的生动实践、理论指导下取得的成绩,无拓展无延伸,学生听起来干巴巴,感觉都是纸上谈兵,没有说服力。

有的课堂,教师沉浸在自己讲的情境中,没有很好体现主导性和主体性相统一,自己讲得多,较少回应学生关注,没有注重和学生在课堂中的互动交流,教学活动仍是一个单边行为,导致学生缺少主动思考、主动学习的欲望。在日常生活中,大学生较少有针对性地去了解中华优秀传统文化,学校专门进行中华优秀传统文化教育的平台及设备也相对落后和匮乏。

大学生是课程的最直接的学习者、感受者、获益者,评价儒家优秀文化融入高校公共体育课成效,应基于供给侧、投入端考查,更应该在需求侧、产出端考查。立足于大学生、以第一视角充分检验人才培养的效果。基于学生侧的专业与职业发展的价值观改造,注重课程教学入脑入心、见行见效的有效性评价,既要关注学生获得感方面的理性维度,也要关注发展持续性方面的实践维度。

评价获得感的理性维度,要从学生实实在在学习到的内容方面进行考察。评价学生从课程中的获得感,可以从"学习到知识"和"感受到历史"进行评价和考查。课程建设内容要紧紧围绕坚定学生理想信念,以爱党爱国、爱社会主义为主线,围绕政治认同、家国情怀、文化素养、道德修养等重点优化课程内容供给,系统进行儒家优秀文化教育、品德健康教育等。所以,课程的推进是否有效,在学生层面来说尤其应该根据其在课程学习中实实在在获得的内容进行评价。可以通过课程阶段性学习展示汇报、结合考试进行评价,考试要整合"儒家优秀文化"与"课程"的内容,而非以往单纯考查课程内容。

评价持续性的实践维度,要从学生价值观的长远改造进行考查。课程的目标不仅在于当下的知识学习与历史感受,更在于价值观上的持续改造。这是在实践维度上的行动展现,是课堂内也是课堂外的改变,需辐射今后的长久发展。行为是价值观的反映,检验课程是否有效改造了价值观、是否达到了量变引起质变的效果,还必须关注学生的学习、生活以及今后工作中是否行为失范来进行持续性的跟踪评价。基于此,课程持续性的实践维度评价,可以通过学生日常管理、综合测评等手段关注在校期间有无行为失范,通过跟踪调查、校友走访等手段,进一步考查学生毕业后从业期间有无职业失范、是否坚持正确价值观、积极工作的持续性动力是否充足等方面,有效整合更多深度数据评价课程思政的有效性。

（二）"融入"实践表现乏力

儒家优秀文化内容丰富、博大精深、涉及面广,要将儒家优秀文化充分的融入公共体育课教学中,就必须针对高校公共体育课教学的现状,合理规划教学工作,做出科学的设计。

1."融入"内容针对性不强

在实际的高校公共体育课教学工作中,由于受多方面因素的影响,其将儒家优秀文化充分融入公共体育课教学工作还存在一定的困难。例如,在教学设计上,我国高校缺乏系统的融入机制,绝大多数高校并没有完善的融入教育机制,也没有实现大学优秀传统文化教育的传承。造成这方面的主要原因,既有现实体制的限制,又有教育工作者的主观忽视。

大多数高校将儒家优秀文化融入高校公共体育课教学时,其内容的选择较陈旧,缺乏针对性。在对"您所在的学校在开展儒家优秀文化进体育课堂方面,内容是否科学"问题的调研中,有56.4%的大学生表示"非常科学",有32.7%的大学生表示"比较科学",但是也有9.3%大学生表示"不科学"。调查发现,很多高校由于受缺乏整体科学设计的影响,在选择儒家优秀文化内容时,没有重视大学生的实际思维方式和心理需求,导致学生对儒家优秀文化产生歧义,对高校公共体育课教学产生抵触情绪。高校的公共体育课教学是对大学生进行身体教学、价值观教学的教学,本身具有一定的理论性、实践性和技术性,且儒家优秀文化和高校学生的生活有一定差异,教师不能够合理地联系儒家优秀文化和公共体育教育,就会导致公共体育课教学效率下降,导致学生对公共体育课教学产生厌倦情绪。

此外,高校对儒家优秀文化资源"融入"的内容挖掘方面明显不足且带有很大的随意性。教学内容要服务于教学目标,儒家优秀文化内容博大,但并非所有内容都可以融入公共体育课教学中,不是单纯地为了"取悦"学生,也不是完全取决于任课教师的个人偏好。很多"融入"仅停留在形式上而非内容的融入,或是为了融入而融入,有的甚至只是随意拈取儒家优秀文化的片段来加以"融入",缺乏系统的领会和把握,融入内容任意;还有不少管理者极度关注形式上的融入、程序上的融入、面上的融入,而不是里子的、实质的融入,没有充分用心于内容方面的融入。因此,儒家优秀文化融入高校公共体育课教学,必须与高校公共体育课教学实际相结合,与高等教育教学目标相契合,与立德树人的教育根本目标相统一,实现传承儒家优秀传统文化和推进高校公共体育课教学的同向同行、相互促进、相辅相成。

还有,很多高校融入儒家优秀文化的途径较单一,也是影响儒家优秀文化传承的重要因素之一。当下,我国大部分的高校仍以课堂讲授的方式将儒家优秀文化和公共体育课教学相结合,并没有将多媒体、网络 APP、影视传媒、校园活动等新颖的教育途径结合起来,导致儒家优秀文化传播方式单一、死板,进而导致儒家优秀文化融入高校公共体育课教学的效果与实际期望存在较大差距。

2.“融入”方法实效性不强

在推动儒家优秀文化融入高校公共体育课教学过程中,即使是专注于教学实践中的融入,但如果在教学方法没有做到“精准挖掘,有机结合,科学结合,巧妙运用”,也是难以取得实效的。

可以说,“融入”方法是儒家优秀文化融入高校公共体育课教学的重要纽带和重要途径。受限于现有的教学条件和教学模式,目前的“融入”还主要是“填鸭式”教学法。这种融入方法使得儒家优秀文化不能很好地融入高校公共体育课教学工作中。有学者就认为,“中华文化是道器合一,核心是人格论与价值论,即培养人才首先是做人的根本价值,然后延及知识系统,而我们现在是‘西体中用’,即采用西方教育的知识论与工具论来对待中华文化,导致‘得其形而遗其神’”,“从六艺之学到经史子集四部之学,传统文化的有机组成部分都是价值之学与知识体系的结合,而现在文史哲分科的教育体系与传统文化体系并不相同,因此,采用这种现代分科教育,及其学科体制下的知识论去从事中国古典诗文教育,效果不会太好”。在问卷调查中,当问及“您所在的学校在开展儒家优秀文化进体育课堂方面,采取的主要方式”问题时,有 63.1%的大学生表示主要是通过开设“传统体育课”,有 29.8%的大学生表示主要是通过“课堂讲授”的方式,但是也有 4.7%大学生表示“不太清楚”。

此外,“融入”主要限于课堂的教学实践,尚未与校园文化建设、现代新媒体、地方传统文化实践活动有机地结合起来,过于形式化。

总体来说,目前儒家优秀文化融入高校公共体育课教学工作中,对实践活动重视不够,运用不足。一是实践活动的数量与效果不成正比,有的甚至为了应付上级检查而重形式、不重效果,活动的次数和时间很多,但所起的效果不大。二是实践活动的内容不够丰富,形式单调,体育课程对大学生缺乏吸引力。三是实践活动缺乏必要的保障措施。这些保障既有经费、场地、学校对学生社会实践安全的考虑,更为重要的是社会实践的评价力,很多评价只重结果,还不重视过程,有的则只是填写表格。

3. "融入"工作系统性不强

儒家优秀传统文化融入高校公共体育课教学工作,是一个认识不断深化与实践不断创新的过程。在这一过程中,迫切要求发挥和挖掘儒家文化中优秀的文化因子对当代大学生进行体育教学的整合功能。但是,在儒家优秀文化融入高校公共体育课教学的具体实践,既没有从整体架构上对其进行科学设计,也缺乏全面、长远和战略性的布局。目前,我国大多数高校尚未建立完整的儒家优秀文化融入体系。有些高校开展了儒家优秀文化校本课程学习,但也有些高校要么不开展,要么也是根据自身特点,随性发挥,没有成体系,缺乏持续性,简单零散;缺乏对大学生文化的需求分析,只是根据学校的计划,安排学习活动;教育目标不明确,且没有和教育教学改革相结合;教育内容选择单一,只为传授基本知识和技能;大学生选拔随意性较大,由学生自愿报名选修等;学习过程难以控制,出勤率低;学习形式和方式单一、传统。

4. "融入"中重"形"而轻"实"

目前,有很多高校公共体育课教学中虽然将儒家优秀文化融入体育教学实践,比如开设武术和体育养生等课程,但是,也有些体育课程教学对儒家优秀文化的融入多是形式上的,忽视了其深层次的文化底蕴与内涵。例如,武术项目多注重套路动作练习,花拳绣腿,既不注重实用性,也不强调动作的内在气韵;在套路练习过程中,只注重框架,能够大致模仿动作即可,使其失去了最具神韵之处。

综合来看,儒家优秀文化尤其是儒家体育项目的融入,多是注重"技能"的传习,而其"文化"内涵的传承明显不足。儒家优秀文化作为一套价值体系,其内核是儒家文化精神。不同学科在"教材化"的过程中,尤为关键的是要凸显本学科儒家优秀文化特质。在内容建构上,儒家优秀文化在高校体育教材中以传统体育项目为表征,但在文化内涵要素的融入上仍显不足。教材中武术、民族民间传统体育项目呈现的工具性过重。这种工具性集中体现为偏重传统体育项目的技能习练和知识传授,而与之相对应的人文性表达有所缺失。二者之间的失衡,在一定程度上剥离了育人目标的全面性和完整性。文化精神与文化技艺的传承本不矛盾,动作技术元素与深层文化内涵是构成传统体育项目完整性的"一体两面",但文化内涵具有内隐性和不可测性,依附于技艺载体得以彰显。教材中"技能"呈现的痕迹过重,容易遮蔽传统文化的德育、智育、美育等多元教育价值。只有将技术技艺升华到"精气神",才能从根本上铸成深入青少年内心的文化基因和文化底色。

由于教育具有价值负载的属性,在不同的育人观、文化观的主导下,教育目标的定位也会随之转变。虽然中华优秀传统体育文化教育的目标指向性愈加清晰,但是受到课时和教材容量的制约,目标的体系化和全面性需要进一步统筹调整。毋庸置疑,在"五育"目标中,"体"育目标是核心,其他维度的目标则是在此基础上的进一步延展。

通过对公共体育教材的梳理不难发现,当前高校公共体育课教学在课程目标、课程内容、教材编写建议等方面的具体要求,主要集中体现于"德"育目标和"体"育目标。其中,在"德"育目标的落实上,课程标准对个体性和社会性两个层面的道德培育均较为重视。在"体"育目标的落实上,课标中主要体现在运动技能学习方面,依据大学生身心发展特点,规定了大学阶段中华传统体育项目学习目标。这也是对体育教育本体价值的彰显。在学习动作技术时,也要求学生掌握一定的运动项目背景知识、比赛规则、养生与保健知识等内容。

在课程标准中,虽然武术、民族民间体育项目的习练与目标达成要求中也内隐地体现了"智"育和"美"育目标,但是就目标的系统呈现而言,中华优秀传统体育文化教育还有待进一步系统衔接与贯通。特别是在目标中对民族精神的培育和对文化自信的提升这两个维度还有待显现。

从文化传承的视角而言,中华优秀传统体育文化的表达隐喻着特定的文化价值观和哲学思考。对中华优秀传统文化的自信,从本质上而言是对中华民族自身价值观的自信。通过学校教育传达中华优秀传统体育文化的内在价值旨要,既符合当下教育发展的趋势,也是对立德树人根本任务的回应。由此可见,中华优秀传统体育文化传承的延续,关键要以其文化内涵为核心。中华优秀传统体育文化的内核集中体现于"体用一元"的哲学智慧,即以中华优秀传统体育思想和精神为"体",以运动技术、技艺为"用",两者缺一不可。

三、儒家优秀文化融入高校公共体育课教学存在问题的原因分析

当前,在推动儒家优秀文化融入高校公共体育课教学过程中,存在很多问题,其原因是多方面的。

(一)融入中的师资瓶颈

每一位高校教师都担负着指导和引领学生健康成长的教育之责,所以教师自身要做到以德立身、以德立学、以德施教。教师对学生的影响,离不开老师的学识和能力,更离不开老师为人处世、于国于民、于公于私所持的价值观。梅贻琦先生曾讲道:"学校犹水也,师生犹鱼也,其行动犹游泳也,大鱼前导,小鱼尾随,是从游也,从游既久,其濡染观摩之效,自不求而至,不为而成。"因此,教师的传统文化素养和言传身教能力是至关重要的。在推进儒家优秀文化融入新时代高校公共体育课教学的过程中的一个较大的困难就是师资的问题。目前,许多高校体育教师在弘扬儒家优秀文化方面,不仅意识不强,而且其自身的儒家文化素养不高,把儒家优秀文化精神转化为体育教育教学内容的能力不足。

1.部分教师融入意识不强

融入意识是指融入主体能够自觉发挥主观能动性,促使不同事物(思想、文化)彼此适应、吸纳、并入"使成为一体"的意识。意识支配行为,只有先想到,才可能做到。有无融入意识或者融入意识强烈程度如何,会直接影响融入活动的开展。如果有融入意识,融入主体就会自觉主动地从事融入活动;反之,如果无融入意识或融入意识不强,融入主体就会缺少融入的主动性和敏感性。因此,要想取得好的融入效果,融入意识的培养和激发是首要的。推动儒家优秀文化融入高校公共体育课教学,提升体育课教学实效,要求高校体育教师要有强烈的融入意识,以实现育人价值的最大化。但要生成这种融入意识,要求高校体育教师必须具有儒家优秀文化价值意识和立德树人责任意识。高校体

育教师只有充分认识到儒家优秀文化是"有用的"育人资源,高校思政课教师"有责任"将其融入高校公共体育课教学之中。在对体育教师访谈中,当谈到"您认为,将儒家优秀文化融入高校公共体育课教学是否有必要"问题时,有83%的教师表示"很有必要",但是也有15%的教师表示"不太必要"。

目前,部分高校体育教师对儒家优秀文化"融入"的意识不强,主要表现在以下几个方面。

一是立德树人的责任意识不强。这里主要是指高校公共体育教师要从体育教师责任重大和使命光荣的高度来对待这项工作,不能把体育教学短视为专业知识传授课、学问卖弄课,甚或夸夸其谈课,而是要从青年大学生正处于"扣好人生第一粒扣子"的关键时期着眼,始终从立德树人的关键课程、不可替代和"培养什么人""怎样培养人""为谁培养人"的高度认识高校体育教学。由此,通过强化立德树人责任意识,高校体育教师才能为实现教育目标,充分利用儒家优秀文化蕴含的丰富立德树人资源,主动将其融入高校公共体育课教学。

二是文化资源价值意识。这里主要是指高校公共体育教师对儒家优秀文化的价值有充分的认知,充分认识到其在指导人们认识世界和改造世界、治国理政、修身立德等方面的重要作用,以及其对高校体育教学效果的提升、教学目标的实现具有特殊功效。唯有如此,高校公共体育教师才会主动研究,进而自觉选择将这些资源运用于教学。比如,儒家优秀文化中的"天下为公""世界大同""和谐共生"等思想,蕴含着"人类命运共同体"的价值理念等,教师在教学过程中应该有的放矢地运用好这些优秀文化资源,既能展现博大精深的中华文化魅力,也能增强教学效果。

2. 部分教师儒家文化素养不高

教师是教学活动的主导者,也是优秀传统文化传承和教育工作的主要承担者,教师自身是否具备较高的传统文化素养是优秀传统文化教育能否落实的关键。在中华优秀传统文化的传承和教育工作中,教师面临的任务是双重的,既要对学生进行传统文化教育,又要不断提升自身的传统文化素养。很多体育老师虽然是大学毕业,然而这部分老师在读书期间并未系统化地受到传统文化的熏陶,所以导致体育教师的传统文化素养的储备不多。人们常说,要给学生一碗水,首先自己要有一桶水。教师如果只是单纯地依靠以往的传统文化功底,是远远不能高质量完成把儒家优秀传统文化融入大学公共体育课堂的教学任务。教育者必须先接受教育,教师要深入发掘儒家优秀传统文化教学资源,必须具备良好的传统文化素养。教育强调知行合一,如果教师自身的传统文化素养不够,自己都未曾阅读、理解,那又怎么能去指导学生呢?

也有一部分体育老师对优秀传统文化的理解过于窄化,认为只有书本上出现的内容才属于传统文化,忽视了身边优秀传统文化的教学资源,没有将其利用到体育教学中去发挥作用。另一方面,随着科学技术的发展进步,优秀传统文化的表现不仅仅单纯靠书本,信息技术的发展使很多优秀传统文化都被搬到了互联网上,这些新的变化都需要体育教师做个有心人,在生活中观察与发现,充分开发中华优秀传统文化教学资源。教育的核心是完成立德树人的任务,让其更好地在社会主义建设中发挥作用。完成这一使命一个重要的环节在于发挥教师的积极作用,教师是人类灵魂的工程师,应该自觉肩负着传承优秀传统文化基因的重担。

儒家优秀文化能否真正有机地融入高校公共体育课教学中,关键在教师。现阶段,我们不可能要求所有的体育教师既精通儒家传统文化,又精通公共体育课教学改革的最新理论成果。现实情况是,基于现代的学术分科,从事公共体育课教学的高校教师,多数具有较好的体育基本知识与技能,而在传统文化方面则显得相对薄弱。提升体育教师的儒家传统文化素养,要植根于当代的伟大实践,以立德树人为根本任务,不断拓宽眼界,自觉做好传统文化的传承,结合现代化建设的需要,对传统文化做出现代化的创新和转化。

其实,提升体育教师的融入能力是保证融入效果的关键。推动儒家优秀文化融入高校公共体育课教学,高校体育教师的融入能力应该如何建构?如果将儒家优秀文化融入高校公共体育课教学,好比为学生烹饪美味佳肴,要实现这一目标,既要精心挑选好食材,也要厨艺高超;同时,还要不断创新烹饪方法,才能更好地满足学生的口味。

3. 部分教师教改意愿不强

高等院校作为培育时代新人的重要阵地,理当通过多种有效途径,积极推动教育改革创新,提升教学质量,认真践行为党育人、为国育才的神圣使命。在高等教育体系建设中,高校体育教学改革既关乎立德树人根本任务的落实,也关乎高等教育整体教学质量的提升。

推进高校体育教学改革是深入贯彻落实"健康中国"战略的重要途径。2016 年,中共中央、国务院办公厅颁布《"健康中国 2030"规划纲要》,从国家层面提出健康领域的中长期战略规划。2017 年 10 月,习近平总书记在党的十九大报告中再次强调:"实施健康中国战略。……要完善国民健康政策,为人民群众提供全方位全周期健康服务。"高校公共体育课教学是健康中国建设的重要途径之一,是大学生进行身体锻炼、提高身体素质和健康水平的主要阵地。为了更好地贯彻落实习近平总书记关于教育的重要论述以及国家的相关战略举措,高校应立足体育教学"育体"本源,在坚持立德树人根本任务的基础上,将提升大学生体质健康水平置于体育教学的首要位置,切实有效推动高校体育教学改革与实践。

推进高校公共体育课教学改革是全面发挥以体育人价值功效的必然要求。长久以来,人们对体育的认知大多停留在"体"的方面,即注重身体活动带来的直接影响,却忽视了体育之"育"的功能与旨归。体育在实现立德树人教育任务方面,本来就具有先天的优势,通过体育锻炼和运动竞赛,既可以锻炼学生的身体,又磨炼了学生的意志,使学生养成遵规守矩、团结协作、奋斗进取的优良品质;通过营造和谐积极的体育文化氛围,有助于提高大学生的体育知识储备和体育文化素养,使大学生在思想道德修养、审美情趣培养与健全人格塑造方面受到潜移默化的影响。因此,高校体育教学改革不能仅仅停留在理论知识和运动技能层面,而是要以把高校学生培养成为合格的社会主义建设者和接班人作为衡量的价值标准。在新时代背景下,高校公共体育课教学改革要全面发挥以体育人的价值功效,始终坚持为党育人和为国育才的历史使命,为教育强国和健康中国建设起到重要推动作用。

推进高校公共体育课教学改革是推动体育强国建设的有力支撑。体育强国建设是我国当前体育工作的核心任务,是实现由体育大国向体育强国转变的重要战略方针。随着夏季奥运会、冬季残奥会的成功举办,我国在竞技体育领域取得了令人瞩目的优异成绩。此外,人民群众对全面健身事业的热情也越发高涨,大众体育领域同样得到了显著的发展。因此,要将体育人才培育纳入国民教育体系,实行体教融合政策也就成为我国体育教育发展的题中之义。国家体育总局教育部颁布的《关于深化体教融合促进青少年健康发展的意见》和国务院办公厅印发的《体育强国建设纲要》中都明确指出,高校体育教学对我国体育后备人才培养具有重要作用。由此可见,推动高校公共体育课教学改革是深化高校体教融合最直接也是最可靠的方式,并能够积极为我国体育强国建设提供支撑。

在对体育教师访谈中,谈到"您是否愿意在高校公共体育课教学中进行新的教学改革"问题时,有63.5%的教师表示"愿意",但是也有30.8%的教师表示"不愿意"。

在对体育教师访谈中,谈到"您认为在推动高校公共体育课教学改革中,最大的阻力或困难是什么"问题时,有33%的教师表示"已经习惯了固有的教学模式,不想进行新的尝试",有39.7%的教师表示"愿意尝试进行新的教学模式改革,但担心效果不佳"。当然,从教师的年龄来看,25~45岁的教师队伍中,有79%的教师表示"愿意进行新的教学改革尝试";在45~55岁的教师队伍中,有53%的教师表示"不愿意进行新的教学改革尝试";也有37%的教师表示"都可以,进行或不进行教学改革都可以"。

(二)学生对"融入"兴趣不浓

有些高校的公共体育教师融入意识不强,教学方法存单一,较为死板地将传统文化知识强硬灌输给大学生们,致使一些本来就对中华优秀传统文化不感兴趣的学生对其更加抵触,甚至是产生厌恶的心理。在此情况下,我国许多高校公共体育课教学不能够兼容儒家优秀文化,学生的认同度不高。

一是大学生对公共体育课不够重视,对学习继承中华优秀传统文化的作用没有足够高的思想认识。在当今的高考背景下,许多家长和教师打着"到了大学就可以随便玩了,不用学习"的旗号来教导孩子在义务学习和高中的阶段刻苦努力。结果一代又一代的大学生,受到这样的思想影响,他们中的大部分在大学阶段对学习不够重视,很多人也仅仅是对自己的专业理论课重视,认为体育课没有什么意义。至于中华优秀传统文化,他们在自己步入大学之前就没有去系统学习和了解过,抱着"一知半解"的态度,又怎么能够知道它存在的重大影响。比如,在对"您是否对大学公共体育课感兴趣"问题的调研中,有73.1%的大学生表示"感兴趣",有22.3%的大学生表示"一般",但是也有3.7%大学生表示"不感兴趣"。

二是大学生对中华优秀传统文化不够了解,在体育课上融入中华优秀传统文化只会让他们更加"懵"。我国大学生在进入高校以前,处于努力积极学习文化课知识的阶段,对我国的优秀传统文化无法进行系统的学习。在不够了解中华优秀传统文化的前提下,将中华优秀传统文化融入高校的公共体育课堂,会降低课堂效率,也很难达到推行体育课思政建设的目的。

三是大学生对体育课本身和中华优秀传统文化不够感兴趣。无论是体育课,还是中华优秀传统文化,在课堂上呈现的更多的是枯燥的理论知识,再加上许多教师的教学方法过于落后,这使他们很难提起学习的热情,大多数学生想的是期末不挂科并且顺利拿到毕业证书。

总起来说,大学生的学习热情不高,学习动力明显不足,没有形成良好的体育学习锻炼的意识和观念,导致公共体育课教学效果难以提升,体育教学的实效性不佳。

(三)体育教学模式相对落后

在进行公共体育课教学时,很多高校教师还在使用传统的教育模式,体育教学理念存在偏差,教学模式和方法较为落后,这也是导致公共体育课教学效果难以提升的重要因素。虽然素质教育的教学理念得到了广泛的应用和落实,但是在实际的教学中,仍然存在一些传统的教学理念:部分高校教师对于公共体育课教学不够重视,体育教学开展不够严谨、认真,同时,公共体育教师所采用的教学方法和模式较为单一和传统,没有对体育教学进行改革和创新的意识和能力,从而造成高校公共体育课教学质量和效果较差,学生无法在体育教学中得到有效的锻炼和提升,阻碍了体育知识和水平的提高和发展。

传统的体育教学模式流程比较固定,学生在上课的过程中注意力并不集中,带着完成教学任务的心理来完成课程,教学效果并不好。传统的教学流程一般是先由体育教师带领学生进行全身的热身活动,通过教师对动作的示范,由学生重复地进行练习。这种上课过程非常死板,主要由教师引导来完成课程,学生只能被动地参与课程教学。固定的教学模式导致学生的学习兴趣并不高,参与过程也不过是完成任务。造成这样教学模式的原因很复杂,但是总的来说是对公共体育课教学的不重视,并且在开展教学的过程之中也没有人来监督指导。因为教师、学校、家长多方的不重视,导致这种教学模式一直沿用下来,没有创新和改革。

许多高校教师对公共体育课教学也不够重视。随着文化课学习任务的加大,为了能满足其他课程的学习内容、考试成绩的需要,部分学校还存在削弱公共体育课程的情况。此外,有些体育教师对课程的安排都比较随意,并没有一个合理的课程规划和教学目标,大多数情况都是带着学生进行了热身活动之后,便放任学生进行自由活动,比较热爱运动的学生会在这个过程中去主动锻炼自己,而部分不喜欢运动的学生在这个过程中就会做其他的事情,浪费了在体育课堂上锻炼身体的机会,学生的积极性缺失也导致了教师缺少授课热情,不愿开展新的教学模式探索。

(四)学校对"融入"问题的重视力度不够

学校作为学生成长的主要场所和实施教育教学的主阵地,在推动教育教学改革、实现立德树人根本任务方面承担着重要的责任。"打铁还需自身硬",只有学校做好教育教学改革,全面提高学校教学质量,才能真正提升儒家优秀文化融入高校公共体育课教学的实效性。

大多数学校对体育教学的不重视,导致教师在授课的过程中也没有积极性。从教学的安排上就可以看出来,学校对体育素质的培养不到位,许多学校每周也就一至两节的体育课。让学生的压力没有一个合适的释放方式,也不能保持一个良好的身体状态完成学习任务。这导致体育教学效率低下,所以,如何去提升体育课的教学效果,是需要深入研究的重要问题。

针对教师的访谈中,有一项是"学校领导是否重视儒家优秀文化融入高校公共体育课教学",15%的教师认为学校领导非常重视,高达84%的教师表示,学校领导并未特别重视对儒家优秀文化融入高校公共体育课教学的开展。调查还发现,体育教师群体相对年轻(多数为25~40岁),他们饱含激情与活力,经过了系统地培训,教学素质得到了保障。

在针对"儒家优秀文化融入高校公共体育课教学的运动设施是否能够满

足教学需求"的调查中,41%的教师表示学校的体育教学设备的配置并不完整,无法很好地满足学生对传统体育运动的需求。有33.1%的体育教师认为学校还是配备了基本的运动器材,能满足学生开展简单的民族传统体育活动。

在"您认为影响儒家优秀文化融入高校公共体育课教学的因素"的调查中,教师选择的结果与前两项调查基本一致,学校领导的重视程度为63%,学校提供体育运动的物质条件为45.1%。这些都是影响儒家优秀文化融入高校公共体育课教学开展的重要因素。

第五章

儒家优秀文化融入高校公共体育课教学的基本路径

儒家优秀文化内容浩瀚庞博、形式丰富多样,新时代高校公共体育教育改革创新势在必行、迫在眉睫。我们必须立足于高校体育教育自身发展现状,结合新时代国家对大学生培养的目标要求,以灵活多样的形式对儒家优秀文化进行筛选、改造和利用,把儒家优秀文化中的精华作为推进高校公共体育教育发展的重要文化资源动力,实现儒家优秀文化传承弘扬与新时代高校公共体育教育发展的同向同行。

一、加强儒家优秀文化融入高校公共体育课教学的理论研究

理论是行动的先导,理论研究是推动实践创新的重要前提。我们要想推动儒家优秀文化融入高校公共体育课教学取得实效,必须对关于"融入"的本质、原则、方法及目标期许等问题进行理论上的廓清。

(一)"融入"的本质:一种文化的选择

课程是文化的选择,文化是课程本质形态。离开文化,课程便无法回答"为谁培养人""培养什么人"这些根本性问题。课程与文化具有互构性,这种互构可从以下三方面理解。

一是从本质上看,课程即文化。文化之所以能够融入课程,究其原因在于课程本身即是文化的一种形式,两者同质性是前提。古代传统文化的精华在很多时候就表现为教材与课程,如四书、五经、六艺以及西方"七艺",既是课程同时也是精神文化遗产,其高度组织化、系统化的特点有助于文化的传承。体育课程是体育文化不断演化和凝练的当代表达,促进儒家优秀文化更好融入体育课程的本质是体育文化的再选择和改造。二是从逻辑上看,课程建构依赖文化自觉。推动儒家优秀文化融入课程体系,这本身即是依赖建构主体的文化自觉。只有在认识自己的文化,理解并接触到多种文化的基础上,才能明确自己在多元文化世界中的秩序和位置,并将这种文化自觉转化为文化资源和教育资源。三是从目标上看,课程建构促进文化认同与传承。通过系统的课程开发,有计划地将儒家优秀文化知识转化为课程知识、课堂知识,成为学生学习的载体与依据,有助于促进大学生感知和了解传统文化。习近平总书记强调,"要加强对中华优秀传统文化的挖掘和阐发,使中华民族最基本的文化基因与当代文化相适应、与现代社会相协调",而文化的课程建构是激活传统文化生命力的核心途径。

1."融入"是价值体系的融入

将儒家优秀文化融入高校公共体育课教学课,首要任务就是从原理的高度把习近平总书记关于中华优秀传统文化,尤其是儒家优秀文化的重要论述融入进去。党的十八大以来,习近平总书记多次对中华优秀传统文化的思想精华与价值精髓、创造性转化与创新性发展等进行系统论述,并集中对中华优秀传统文化的时代价值进行了科学概括。他指出:"中国传统文化博大精深,学习和掌握其中的各种思想精华,对树立正确的世界观、人生观、价值观很有益处。"这里突出强调了中华优秀传统文化对人们认识和改造世界的哲学价值、在我国道德建设中的教化价值与指导国家治国理政时的治理价值。价值体系的融入就是要求将以上"三大价值"融入高校公共体育课教学课之中。

2."融入"是思想体系的融入

儒家优秀文化中的思想体系是中华优秀传统文化的理论形态,表征着中华民族特有的思想智慧与思想风格。为此,要在新时代高校教学的视域下解读中华优秀传统文化中的思想观念体系,以提升大学生的文化自觉与文化自信,引导其在整体上理解儒家优秀文化的思想脉络与核心要义。

3."融入"是教化体系的融入

公共体育课是高校落实立德树人根本任务的重要课程,儒家优秀文化中蕴含着丰富的道德教化资源。运用好这些资源,对于培养担当民族复兴大任的时代新人具有意义重大。基于此,高校公共体育课教学,要努力促进道德教化体系的融入,充分利用儒家优秀文化中蕴含的道德教化资源,培育新时代青年大学生的道德人格与理想信念,借鉴其道德教化方式,以塑造时代新人。

4."融入"是话语体系的融入

在过去的教学过程中,一个不可忽视的现象就是教辅书中大量使用西方案例来阐释高校体育教学基本原理,进而消解了儒家优秀文化在高校公共体育课教学课解释力中的话语权。为此,我们要实现当前话语体系的重构,努力把中国古代经典的文化典故、思想理念、历史经验等作为阐发高校公共体育课教学的生动案例及历史素材。话语体系的全面融入将增强教师与学生的文化切己性和体验性,在教与学两方面都会有充实的文化获得感。

(二)"融入"过程中应坚持的主要原则

高校公共体育课是高校立德树人的重要课程,儒家优秀文化融入公共体育课,应该坚持马克思主义根本指导思想,遵循公共体育课教育教学规律,笃行系统建设的思路。只有这样,才能使儒家优秀文化顺利融入公共体育课,而不至于偏离正确的方向。

1.坚持方向原则

要在大学生体育教育过程中潜移默化地融入儒家优秀文化,必须坚持方向原则。方向原则指的是大学公共体育教育在传承儒家传统文化过程中,必须秉持着社会主义和共产主义的方向,必须和中国共产党的性质与宗旨相符合。一方面,在传承中华优秀传统文化的同时进行体育教育;另一方面,结合中华优秀传统文化也可以对大学生进行志存高远的理想教育,为培养社会主义现代化建设可靠的接班人奠定良好的基础。在贯彻实施方向原则的过程中,应努力做到以下三点。

第一，对坚持方向原则高度认同。要让所有的体育教育工作者都认识到，在大学公共体育教育教学过程中，传授秉持社会主义和共产主义方向的传统文化，才是正确的体育教育。当然，我们在传授知识的过程中，要得到大学生的理解和支持，使他们明白之所以这样做的原因。

第二，坚持方向原则必须符合科学性。不能将儒家优秀文化硬生生地塞进体育课堂，这样不容易调动学生学习的积极性。因此，应将儒家优秀文化通过潜移默化的、不知不觉的方式渗透到大学生生活的方方面面，达到润物细无声的效果。

第三，坚持方向原则应一贯到底，有始有终。在高校公共体育教育以及进行传统文化教育的过程中，广大教育者应尽可能地帮助大学生树立社会主义和共产主义的坚定信念，使他们在任何时候都不偏离社会主义和共产主义的方向，最终使其内化于心，外化于行。

2. 坚持渗透原则

儒家优秀文化融入高校公共体育课的渗透原则，是指传统文化融入体育课教学过程中，应该遵循大学生的思想"综合影响"形成和"渐次发展"规律，以循序渐进和潜移默化的状态进行。唐代诗人杜甫说："好雨知时节，当春乃发生，随风潜入夜，润物细无声。"实行渗透原则要做到以下几点。

一是协调关系，组成系统。要明确高校公共体育教育的主旋律，确定高校体育教育各个环节、各个方面的职责和任务，使儒家优秀传统文化在高校体育教学的各个方面都要融入。要树立大教育观念，对高校与体育教育相关的各部门，提出儒家优秀文化融入的内容及实施方案，力争形成一种布局合理、搭配得当、运转有序的传统文化融入高校公共体育课教学的系统结构。二是潜移默化，寓教于无形。虽然儒家优秀传统文化融入高校公共体育课教学，有不少工作要做，但是更多的是要间接地渗透到大学生的课外活动、校园环境、校园网络和自媒体、微生活中，使大学生在不知不觉中受到传统文化的熏陶。三是循循善诱，塑造人格。帮助新时代大学生通过传统文化教育，塑造完美人格，或者在循循善诱中使其进一步发展和完善。

3. 坚持主体原则

主体原则是指作为将儒家优秀文化融入高校公共体育课教学主体的教育者,应将大学生视为教育主体,充分尊重他们的主体地位,调动他们自我接受传统文化的积极性,实现传统文化融入高校公共体育课教学的目标。将外在的儒家优秀文化升华为智慧,内化为人格。儒家优秀文化融入高校公共体育课教学,是一项十分重要但又十分艰巨的任务。由于大学生一旦形成对传统文化或体育教育的错误观念,容易形成思维定式和行为习惯。因此,教育者要帮助大学生自觉接受儒家优秀文化,通过情感融化和事理说服点燃其内心对传统文化和素质教育的亲近感。

主体原则要求"教是为了不教"。教育者要大胆引导大学生自主学习传统文化,强调以大学生为主体研习传统文化并不等于放任自流,教育与自我教育历来就是紧密相连、彼此促进的。新时代大学生自我研习传统文化,是在教育者的启发下开始的,是按照儒家优秀传统文化教育目的进行的,教育者促其培养高度的自尊,推动其进行自我教育,使大学生达到传统文化,尤其是儒家优秀文化中的"慎独"境界。

4. 遵循辩证原则

博大精深、内容丰富的儒家传统文化,是我们中华民族的宝贵财富。在漫长的历史发展中,中国传统文化以其强大的吸收融合能力,海纳各种文化思想。中国传统文化既有积极、进步、革新的一面,又有消极、保守、落后的一面;既有民主性、科学性的精华,又有等级意识、特权意识、官本位等封建糟粕。从总体上说,中国传统文化是中华民族文化、农业社会文化和宗法制度文化的有机体,在文化性质上则主要是农耕文化。对中国古代社会的发展,在思想领域发挥着重要的作用。由于时代的局限,中国传统文化中的某些内容本身具有封建性,体现封建阶级的意志。任何一个国家文化的发展都具有历史继承性,抛弃传统,文化就会失去根基,成为无源之水、无本之木。而其糟粕部分则是历史的惰性、历史的负面,会阻碍历史的进程,对历史进程起负面作用。

正因为如此,我们应当科学地对待中国传统文化。因此,在科学对待中国传统文化过程中,我们既要看到其封建性,也要充分认识其在中国封建社会发展过程中的作用,更要看到其在建设社会主义现阶段的重要价值,不失时机地加以转换,彰显出中国传统文化在当代大学生体育教育中的重要作用。

(三)"融入"过程可采用的主要方法

1.显性与隐性相统一

显性教育和隐性教育如同一个硬币的两个方面,两者相辅相成、不可分割。只重视显性教育,不关注隐性教育,无法达到显性教育应有的效果;只关注隐性教育,不重视显性教育,会使教育活动丧失其价值导向。只有把显性教育和隐性教育结合起来,才能真正实现教育效果。在显性教育和隐性教育的关系处理中,显性教育更具有体现教育目标的性质。因此,在高校公共体育课建设中显得格外重要,这也是我们办好高校公共体育课的目的和初衷。因此,对于高校公共体育教师来说,最重要的不是公共体育课是否属于显性课程,而是要使公共体育课真正成为显性课程,更好地实现体育教育的目的和功能,这才是显性教育和隐性教育相统一要达到的目标。

一要理直气壮地办好公共体育课教学。高校公共体育课是体现社会主义学校本质特征的课程,在学校开设公共体育课,体现了社会主义教育德智体美劳"五育并举"的本质特征,要大张旗鼓地开展公共体育课教学活动,教师要有自信和底气,要有信心、有资源、有条件、有能力上好体育课。

二要更新公共体育课程观念。要采取融入式、嵌入式、渗透式方法将儒家优秀文化内容融入公共体育课程中,达到"随风潜入夜,润物细无声"的效果。教师在公共体育课教学过程中,要充分关注教育实践中的隐性教育因素,尽可能避免把消极、负面的思想观念带入体育教学活动中,应该充分利用各种方式和手段,间接渗透式地进行教育。

2.理论与实践相结合

在公共体育教育中,体育理论教学旨在帮助学生认知体育价值、获得体育健康知识、提高运动技能、熟悉体育竞赛规则、习得锻炼方法、提升体质水平,它与体育实践分别是体育教育的两个方面。对于大学生而言,在体育理论课上,他们能够习得运动项目、体育运动保健、科学运动的基本理论知识,提高自身安全意识,学会正确规避体育运动伤害。同时,大学生还可以通过跨学科学习明确体育与其他学科的关联,甚至探讨体育运动的未来发展趋势等。对于体育理论教育的重视体现在将理论知识的教学比重增加的同时,将理论与运动实践结合,给学生更好的学习、运动体验。

3. 课内与课外相结合

课内外一体化体育课程体系的创建,是高校公共体育课教学的重要改革内容,应从课堂教学和课外实践两方面同时着手,抓住学生内心真实的体育运动追求,满足学生多元化、终身化的体育目标,是当前高校公共体育教师应当渗透于教学过程并予以落实的教育理念。

一方面,在日常高校公共体育课程的开展中,教师要以学生为中心,以课程教学为根本目标,综合构建理论知识教授与体能素质提升一体化教学模式。同时,科学合理的教学内容的设置是公共体育课教学效果提高的重要原因,体育课多数以课外活动为主。因此,体质健康测试、阶段性测验以及安全教育等不同的教授内容,要合理配置在课外教学中。在新时代高校公共体育课程的改革背景下,要进一步优化与完善教学内容,强调在教学过程中灌输体育小常识和体育专业知识以及体育健身的基本方法等,充分提升大学生对体育这门课程在课内外学习的正确认知能力,有效降低不必要的事故发生的可能性。

另一方面,教师要重视分层教学,结合大学生的实践水平适时推进。每个学生的身体素质水平不一,因此教学方案要因人而异,可将实际体育教学层次划分为初级、中级以及高级。这种适用于多数学科的因材施教方式,同样有利于构建多层次的体育教学体系。在实施分层教学过程中,对于体育运动技能偏弱但对体育锻炼有浓厚兴趣的学生,教师可以将其列入初级学习班;对于体育基础一般,但想得到更多体育技能的学生,教师可以将其分到中级学习班;对于运动天赋十足的学生,教师可以将其分到高级学习班,让其进行更高层次的学习。与此同时,高校还必须在教学层次划分的阶段,鼓励学生根据自身喜好和偏爱选择今后要重点发展的体育项目,这样才能有助于培养学生自身的专项运动技能,充分体现体育学习的实用性。

此外,还可以定期组织学生参与课外实践活动。校园体育文化的弘扬和师生一起积极参与密不可分。高校要突出强调"增强师生体质健康"相关主题活动的定期开展,多组织一些娱乐性强、团队性强的体育项目活动,立足于师生的共同立场来渗透体育元素,比如师生互动拔河赛等。另外,高校还要积极鼓励学生创设体育社团,给予其合理的权限,为了更好地促进社团活动的开展,可以适当要求各个院系的负责人合理设置参与条件,宣传力度要适当加大,注重宣传多元体育文化,从多方面提升大学生的体育核心素养,促使高校学生在体育课内外一体化模式下能够全面发展。

当然,教师也可以利用网络课程资源,充分开展特色体育活动。在当下的互联网时代,教师可选择的教学资源非常丰富,多种多样的教学参考资料可以辅助教师提升教学效果。除了找寻体育课程的教学资料外,教师也可以自主设计一些可以激发学生兴趣并能够适合日常锻炼的小活动。教师还可以利用一些运动类 App,监督学生每天打卡练习,这样可以将学生每天的运动过程记录在内。教师还可以借助网络平台,实时分享一些简单有效的体育锻炼动作,并依照锻炼地点的不同来提供不一样的运动方案。例如,对大学生在宿舍能利用的锻炼工具有哪些,这些工具可以做怎样的练习,教师要给出明确指导。学校相关部门要结合社会可利用的资源,对网络课程进行进一步开发,调动学生在体育课内外锻炼的积极性。

(四)"融入"所要达到的目标期许

1.融入方向:以课程思政建设为引领

立德树人是教育的根本目的,人的发展不仅要关注知识与能力,更要强调价值引导,课程思政建设就是要寓价值观建设于知识传授与能力培养中,帮助学生塑造正确的世界观、人生观和价值观。传统文化教育内蕴传统精神与价值传承,融入高校公共体育课程,其使命就是要夯实大学生的思想底色,端正其价值立场。高校公共体育课程要根据自身特色优势,深度挖掘体育专业知识体系所蕴含的思想价值与精神内涵,从课程涉及的文化、历史角度,提升知识性、人文性,让大学生感受传统文化中所内蕴的丰厚体育精神、体育文化和体育知识。

中华传统文化作为体育课程思政建设的路径,有两层内涵。一是唤醒传承民族精神。传统体育精神是民族精神的重要元素,通过理念濡化、身体练习和技能贯穿而得以传承。以武术为例,习武者以习德为先,未曾习武先习德,习武又与保家卫国、惩恶扬善相结合,武术成为较为典型的爱国主义运动,这种"为国为家"的体育精神是中华民族传统的精神要义。二是实践传承体育活动。在实践中感知民族价值,升华民族情感是儒家传统文化融入的根本任务。比如,《第十一届全国少数民族传统体育运动会总规程》中规定,我国传统体育项目有17类,如花炮、蹴球、龙舟、独竹漂、秋千、射弩、民族武术、民族式摔跤、民族马术等等,这些项目与高校公共体育课程融合,有助于激发大学生的爱国情感,也让这些公共体育课程,更饱含中国情、中国味,更好地传承中华文脉。

2. 融入使命:建设者和接班人的培养

高校是培养国家建设者和接班人的摇篮。从长远来看,体育的育人功能是面向所有学生助其成长,帮助其在体育锻炼中享受乐趣、增强体质、健全人格、锤炼意志,这是关涉接班人和未来建设者培养的大计。高校大学生的素养,不仅包括专业知识、教育理论,还包括职业素养。中国传统文化中,体育知识及其人文性是大学生素养的重要基础与构成。换言之,儒家优秀传统文化融入高校公共体育课程,既是培养一流人才的需要,又是让未来建设者和接班人近距离感知传统文化,在体育实践中升华民族和国家认同的需要。建设者和接班人是国家的未来,但年轻的一代不会自发地成为合格的建设者和接班人,儒家优秀传统文化的思政功能和其丰富的育人属性,是未来人才培养的重要载体。一方面,儒家优秀传统文化中的德、仁、礼、道等思想,能对大学生的行为起引导和规范作用,在教与学过程中潜移默化地提高大学生自身道德修养;另一方面,增强和夯实大学生的文化根基,使他们成为有理想信念和灵魂的人,同时更为重要的是能使未来建设者和接班人得到文化浸润,在提升身心素质的同时,传承儒家优秀传统文化,尤其是传统体育文化中的进取、尚德等品质。

儒家优秀文化融入高校公共体育课程,必须坚持以习近平新时代中国特色社会主义思想为指导,积极促进大学生科学文化素质和思想道德素养的全面发展。科学的顶层设计、丰富的文化实践、可操作的规范路径,是推动儒家传统文化融入高校公共体育课程的现实指向。

二、加强儒家优秀文化融入高校公共体育课教学的课程建设

课程体系是进行人才培养过程中的核心部分,是实现人才培养目标的首

要保障。它既是开展教学的重要内容,也是实施教学评价的基本依据。合理的课程体系设计是人才培养工程的施工蓝图,是能否实现人才培养目标的关键所在。所以,要实现儒家优秀文化在高校公共体育课教学的有效融入,就必须加强课程建设。儒家优秀文化博大精深,充分挖掘这些优秀资源,促进体育教育和儒家传统文化教育的结合,是丰富高校公共体育教育内容的有效手段,从而达到提升教学效果的目的。

（一）把儒家优秀文化融入高校公共体育教材

教材连着课程与课堂两大渠道,"进教材"成为保障儒家优秀文化体系化、科学化落实的关键路径。就学校体育而言,通过体育教育让大学生认识并尊重儒家优秀传统文化的隐性文化逻辑,关乎文化自信、民族自强。2021年1月教育部出台的《中华优秀传统文化进中小学课程教材指南》中就明确提出:"体育与健康学科要以优秀传统体育为依托,以融入为手段,以传承为目的,引领体育教材建设的新方向。"教材是实现培养目标的基本手段,集中体现了国家意志、文化传统和学科发展水平。儒家优秀文化融入高校公共体育教材,关涉文化内容的选择、传承与转化等现实问题。同时,也在学理层面折射出教育与文化的关系及其机制问题。

很长一段时间以来,在以西方竞技运动项目为主流话语的体育课程和教材体系中,我国传统体育项目发展的内源性动力日渐式微。当前,经由体育教材这一媒介,如何推动儒家优秀文化的传承,由表层结构向深层结构转化,促使其内化成个体的精神存在,成为中华民族生活中深层的心理结构,已经成为体育教材建设工作中迫切需要回应的问题。对儒家优秀文化资源开发形成的德育成果,高校应当坚持正确的运用思路和采取有效的实施策略,将其纳入公共体育课的教育教学与运用管理中,积极推进儒家体育文化资源进校园、进课堂、进教材,充分发挥儒家体育文化资源应有的教育功用,实现儒家体育文化资源的资源优势向公共体育课的育人优势的转化。

1. 儒家优秀文化融入高校公共体育教材的意义

教材建设集中反映了不同历史时期的政治、经济、文化等多方面社会因素。教育是文化传承与发展的内在机制,拓展了文化传承的教育空间。从教育与文化之间关系的视角思考,新时代儒家优秀文化融入高校公共体育教材的过程中最为核心的问题就是:如何最大限度地发挥体育教育的力量来传承儒家优秀文化?如何最大限度挖掘儒家优秀文化资源来推进体育教育,培育德智体美劳全面发展的人?

(1)彰显从教材自信到文化自信的话语转变

一是构建集体认同的文化记忆。"文化记忆"包含某特定时代和特定社会所特有的可以反复使用的文本系统、意象系统、仪式系统,其"教化"作用服务于稳定和传达那个社会的自我形象。不言而喻,教育最深远的功能就是作用于文化的发展,教育不仅要传递文化,还要满足文化本身的赓续。体育教材作为知识经验和技艺技能的实物表征,兼具教育价值与文化价值双重属性,在传统文化的传承与转化中发挥着无可替代的作用。它能将隐匿于文化记忆框架背后的"凝聚性结构"带入"前台",即将带有特定民族记忆的核心价值观念、思想文化特质加以学理化表达。换言之,学校体育教育是"文化记忆"之场,在新环境、新时代背景下,挖掘中华优秀传统文化蕴涵的精神标识、价值追求和道德情怀,探讨体育教材中的中华优秀传统文化内容体系、载体形式与融入路径等问题,是在实践向度推进中华优秀传统文化教育。通过体育教材主动筛选、吸纳中华优秀传统文化要素,以实现传统文化教育从外部推动到内部转化,最终促进大学生实现民族身份认同。

二是深耕中华民族文化自信。文化自信是指"一个民族对其文化精神清醒的自觉、坚定的认同和传承创新"。将儒家优秀文化要素全方位融入高校公共体育教材,体现出文化主体的自我觉醒和自我创建。费孝通先生曾说:"文化自信的基础是文化自觉,即一个民族要明白其来历、形成过程,所具特色和发展趋向。"文化自觉具有理论思维与实践意向双重要义。前者是建立在对本民族文化的觉察、认识与理解的基础之上,同时也包括文化之间的相互体认以及对不同形态人类文化本质的总体认识与普遍追求;后者则是促进本民族文化传承、转化、深化的发展历程。这意味着,体育教材所负载的中国传统文化要素已经超越了知识教育的属性。依托文化层面上的符号表征和象征系统,体育教材以中国传统文化要素为中心建构传统文化记忆,使其超越了服从性地传播知识文化的工具属性,实现了从文化自觉走向文化自信的主动选择。

（2）彰显从文化育人到立德树人的价值指向

中华优秀传统文化注重内在修为，以"秩序的稳定"为价值旨趣，提供了人与自然、与社会、与自我的相处哲学。而社会主义核心价值观在马克思主义的自由而全面发展的理想追求下，强调社会成员的主体地位，具有更为鲜明的时代特征和现实指向，充分显现了对儒家优秀文化的传承和升华，是儒家优秀文化在现代社会的延展。社会主义核心价值观提供了体育教育的时代价值参照，同时，这一参照又根植于深厚的中华传统文化土壤中，二者同质相通。由此可见，体育教材中所表征的"天人合一""自强不息"等传统体育文化要素，以体育教育的方式发挥着传统文化价值体系的涵养化育功能，并从根本上回应"培养什么人"的问题。

（3）夯实体育与健康学科核心素养

大学生核心素养的提升，根植于博大精深的中华优秀传统文化，也是核心素养中国化的具体体现。而体育学科核心素养是大学生核心素养在体育学科的具体化表达。它通过运动能力、健康行为、体育品德三大维度，培养大学生在本学科领域的必备品格和关键能力，最终达到与国家培养目标一致，即指向立德树人。核心素养指向终身发展，是一个养成过程，而文化对人的成长与社会发展的影响并非一蹴而就。故而，有学者提倡在21世纪核心素养框架中纳入"文化理解与传承素养"维度，帮助大学生形成身份认同和文化认同。民族传统体育运动作为中华民族特有的运动形式，尤其是武术，在国际文化交流中早已成为中国传统文化的象征。儒家优秀传统体育文化所蕴含的家国情怀、品性修为、民族共同体意识，根植于博大精深的中华优秀传统文化。无论是在传统体育技能技艺方面，还是在价值追求上，中华优秀传统文化均为体育与健康学科素养提供了肥沃的生发土壤。

2. 推动儒家优秀文化融入高校公共体育教材

儒家优秀文化融入高校公共体育教材，是强化中华优秀传统文化铸魂育人功能，落实以中华优秀传统文化涵养社会主义核心价值观，实现中华优秀传统文化传承发展系统化、长效化、制度化的重要举措。

目前，虽然国家层面对儒家优秀文化融入高校体育教材问题没有明确要求，但教育部发布的《中华优秀传统文化进中小学课程教材指南》提出"体育与健康是落实中华优秀传统文化教育的重要课程,对于帮助学生强身健体、涵养情趣,促进健康行为习惯养成和身心和谐发展,传承和弘扬中华优秀传统文化有着重要作用。主要载体形式为民族民间传统体育活动(如抽陀螺、跳房子、踢毽子、滚铁环、抖空竹、舞龙、舞狮、荡秋千、踩高跷、竹竿舞等)、武术、中国式摔跤、跳绳、键球、珍珠球、赛龙舟、传统健身功法(如五禽戏、八段锦、易筋经等)和我国传统体育文化知识等"要求,可以为儒家优秀文化融入高校体育教材提供重要指导。

(1)儒家优秀文化融入教材坚持的正确原则

一是要坚持正确价值导向,强化经典意识。遵循辩证唯物主义和历史唯物主义基本方法,秉持客观、科学、礼敬的态度,对中国传统文化取其精华、去其糟粕,有鉴别地加以对待、有扬弃地予以继承,突出传统文化素材的经典性。结合时代要求,衔接古今,赋予中华优秀传统文化新的时代内涵和现代表达形式,促进其创造性转化和创新性发展,使其成为涵养社会主义核心价值观的重要源泉。

二是要遵循大学生的认知规律,贴近大学生实际。充分考虑大学生随着年龄增长由浅入深、从感性到理性的认知发展特点,努力贴近大学生的生活、学习、思想实际,确定不同的教育目标以及具体的学习内容、载体形式,区分层次、突出重点,体现学习的阶段性,内容和形式适宜,容量适中。

三是要结合学科特点,注重有机融入。基于儒家优秀文化与体育教育学科的内在联系,结合体育教育学科的具体主题、单元、模块等,融入相应的儒家优秀文化的内容和载体形式。

四是要坚持整体设计,科学合理布局。贯通大中小学各学段,使核心思想理念、中华人文精神、中华传统美德等贯穿教育过程始终。统筹各学科,确保儒家优秀文化内容全覆盖,形成纵向有机衔接、横向协同配合的格局。

(2)儒家优秀文化融入教材坚持的总体目标

中华优秀传统文化在高校公共体育教材中的育人立意更加精准鲜明,布局安排更加系统完整,内容更加科学合理,呈现方式更加丰富生动。课程教材在厚植中华文化底蕴、涵养家国情怀、增强社会关爱、提升人格修养、铸牢中华民族共同体意识等方面的育人功能显著增强,推动大学生的文化自信更加坚定。

（3）儒家优秀文化融入教材的主题内容

大学公共体育教材主要围绕核心思想理念、中华人文精神、中华传统美德三大主题，遴选中华优秀传统文化教育内容。比如，革故鼎新、与时俱进的思想，脚踏实地、实事求是的思想，惠民利民、安民富民的思想，道法自然、天人合一的思想等核心思想理念；求同存异、和而不同的处世方法，文以载道、以文化人的教化思想，形神兼备、情景交融的美学追求，俭约自守、中和泰和的生活理念等中华人文精神；天下兴亡、匹夫有责的担当意识，精忠报国、振兴中华的爱国情怀，崇德向善、见贤思齐的社会风尚，孝悌忠信、礼义廉耻的荣辱观念等中华传统美德。

当然，要推动儒家优秀文化融入高校公共体育课教学，还必须不断优化体育教学资源，合理设置课程内容。在高校进行公共体育课教学过程中，想要更好地提升体育教学效果，提升大学生体育水平，首先一定要在教学资源分配上进行改革和创新。高校要提升对于公共体育课教学的重视，将素质教育的理念进行落实，将体育教学资源进行合理的配置和优化。高校要根据实际的大学生的数量和需求，配置相应的体育教师，加大体育设施的投入和设置，给予大学生良好的体育学习支持。同时，高校要加大体育课程的设置，在体育课程数量和课时上进行合理的安排，将体育作为必修课进行教学，提升大学生学习体育、参加体育锻炼的机会，更好地为体育教学提供良好的环境和条件，提升大学生体育学习的效果和质量。

要提炼儒家文化资源成果，形成优质特色的体育教学内容体系。一方面，要开发与整合好儒家体育文化资源，努力形成优势特色明显的儒家体育资源成果，发挥其整体的教育功用。另一方面，在新的历史条件下，研究与开发儒家体育文化资源，根据儒家体育文化资源的特点和优势，紧密结合当前我国社会主义现代化建设中弘扬和培育民族精神、培育和践行社会主义核心价值观的实际需要，创造性地进行归纳、提炼和提升，探索和构建以儒家体育理论——儒家体育实践——儒家体育精神为一体的儒家体育教育教学内容体系。

（二）推动儒家优秀文化进高校公共体育课堂

课堂文化是一种普遍存在于课堂之中的文化现象，是教育文化的重要组成部分。在课堂里,教师和学生都在进行某种"文化活动",体验某种"文化适应",或受某种"文化熏陶"。作为文化教育内容之一的体育,必须努力营造富有特色的课堂教学文化,充分发挥文化功能,显示文化特质,让体育课堂充盈文化精神。丰富课堂教学内容和形式,坚持以学校为主阵地、课堂为主渠道,将中华优秀传统文化知识融入体育教育教学和课程体系之中,创新授课方式,运用生动鲜活的事例,把优秀传统文化与当下实际结合起来。

1. 明确"教什么",开设合适的儒家体育教育课程

儒家优秀文化内容纷繁复杂,其中有符合时代发展需要的内容,亦有过时之糟粕的内容。体育学科本身是一门开放的学科,其包容性、开放性为其他学科内容融入体育教育课程提供了可能性,所以将儒家优秀文化融入体育课程时,必须对儒家优秀体育文化的内容进行选编。一方面,要充分考虑大学生的实际需要,选取符合大学生兴趣且有利于大学生成长的传统体育课程。另一方面,要基于已有的契合点,适当扩大传统文化的深度与广度,特别是在进行高校体育课程的教学中,要充分利用优秀传统文化资源。比如,龙舟活动可以培养参与者的优良意志品质,增强团队协作精神,加强对规则制度的认知等。儒家优秀文化融入高校体育课堂的课程主要有孔子射艺、六艺太极拳、八佾舞以及赛龙舟等。各高校可以依据自己的实际情况选定。

课程一:六艺太极拳

六艺太极拳是以孔子"六艺"之教和健身养生思想等为主导,按照太极拳理拳法,通过具体的一招一式,彰显儒家文化精华。通过本拳法的学习,可以达到修身养性、修文习武、强身健体之目的。

(1)六艺太极拳内容与特点

六艺太极拳包括并、开、弓、马、虚、翘六种步型;进、退、活三种步法;顾、盼、瞻、视四种眼法;旋、转、收、放、俯、仰、屈、伸八种身法;具有虚领顶劲、沉肩坠肘、坐腕舒指、含胸拔背、活腰松胯、实腹敛臀、尾闾中正、立身中舒、身背五弓身形技术要求;具有心静体松、意守丹田、心情愉快、飘飘若仙的意境;具有以意导气、以气运身、上下相随、内外合一的练功方法。其手法包括掤捋挤按、采挒肘靠、托裹掩架、穿抹绞抱、分拦扇打、云推探撩 24 种手法,具有动作简单、

易学易练、节省空间、男女老幼、适应广泛、不分时间、随时可练、动作对称、健身全面、以形释义、寓教于拳、持之以恒、益寿延年的特点。

（2）六艺太极拳动作名称及释义

揖礼起式，六艺之"礼"（以礼立人，崇礼厚德）；双揽雀尾（以招为技，暗合四象）；手抱琵琶，六艺之"乐"（以乐养性，陶冶情操）；弯弓射虎，六艺之"射"（以射健体，民富国强）；驾驭战车，六艺之"御"（以御为能，智勇双全）；习读经书，六艺之"书"（以书悟道，熟读六经）；阴阳之数，六艺之"数"（以数为据，变易阴阳）；九天揽月（以人为本，天人合一）；孔雀开屏（以身取势，象形取义）；抱元归一（以气调身，益寿延年）。

（3）六艺太极拳的文化特色

六艺太极拳与儒家文化有着极为深厚的渊源。太极拳作为我国传统文化的一部分，在其产生和发展过程中，吸收了儒家文化中天人合一、阴阳、仁、中庸的思想精华，影响了太极拳的技术理论，并引导太极拳理论的思维方式，形成了"内外相合、形神兼备；以静制动、动静自如；以柔克刚、刚柔并济；后发制人；开合虚实、连贯圆活"的技术风格。这种技术风格与其他体育运动项目截然不同，体现了太极拳运动的独特魅力。

《六艺太极拳之歌》很好地对此进行了传承与发扬：

"孔孟地 运河旁 / 捧捋挤按健身忙 / 六艺太极多豪迈 / 全民健身正能量 / 五湖四海礼为先 / 乐射御书数显彰 / 采挒肘靠有松沉 / 传统文化放光芒 / 迎晨曦 送夕阳 / 进退顾盼任徜徉 / 传承太极扬国粹 / 强身健体送健康 / 猫步缠丝刚柔俱 / 阴阳之歌响四方 / 中正和谐成大道 / 传统文化放光芒。"

同时，儒家思想对太极拳也有着深刻的影响。太极拳礼仪道德的核心、表现和方法论都有着儒家思想的烙印。比如，儒家思想注重礼仪道德，仁爱孝悌、谦让有礼、和谐尚中等特点，指导着太极拳礼仪道德的形成和发展。太极拳也在发展中传承和发扬儒家思想，两者相辅相成，共同发展。这在《六艺太极拳三字经》里均有反映。比如，"太极拳，贯六艺。武之理，文之序。理相通，互诠释。修心性，知礼仪。懂谦让，强身体。中不偏，庸不易。身中正，不偏倚。头顶悬，神凝聚。内涵深，须慎思。学不厌，心静息。神为令，气为旗。常温故，有新知。忌双重，明实虚。三人行，有我师。坠肩肘，松腰隙。邀众人，共练习。上下随，无断续。多交流,笃行之。左中右,平准立。根至梢,有节序。闻鸡舞,贵坚持。及不过,非不及。随屈伸,不尚力。智仁勇,至诚至。全民健,强国立"。

大学生习练六艺太极拳有六大好处。一是有利于形成良好的学习习惯。良好学习习惯的形成至关重要,不少大学生学习成绩之所以不够理想,很大程度上受制于自制力、专注力等非智力因素,以"静、慢、柔、沉"为特点的六艺太极拳,能有的放矢地将其加以改善,扎实学者的"板凳功"。二是强身健体。大学生长期伏案低头,易患脊椎骨侧弯、眼睛近视等症,直接影响身体健康和学习效果。习练太极拳能有效加以预防,始终保持旺盛的"精、气、神"。三是提高休息质量,通过改善人体内微循环系统,提高睡眠质量,一小时胜过两小时。四是习练方便,较小空间10分钟以内便能练习一套功法,一人多人皆可,具有时间短、空间小、见效快的特点。五是修身养性。大学生正处于长身体、学知识的重要阶段,学习重,压力大,容易浮躁好动和心理逆反,太极拳是一种很好的有氧运动,不仅使五脏六腑得到按摩,而且使人变得沉稳、心静。六是增强防御能力,大学生正处于良好习惯的养成期,习练"以柔克刚"的太极拳,能有效抵御不良行为的侵扰。

(4)六艺太极拳的重要德育功能

德育渗透在教学实践活动中,需要一定的载体。优质的载体凭借与教学任务良好的弥合度,不仅能够加速德育渗透的进度、完成德育目标,还能促进本体课程的开展。六艺太极拳是一项"德""术"并重的传统体育项目,背后有着深厚的儒家文化底蕴,以"智、仁、勇"的君子之行为落脚点,为德育渗透提供了行之有效的方法,是德育实施的优良载体。

太极拳具有显性和隐性的德育教学资源,在落实"立德树人"上发挥了独特价值。教师在六艺太极拳课堂中,重视德育并有意识地通过多种形式,在保证正常教学不受干扰的情况下推动德育。比如,课前慢跑热身选用曲调轻快的中国民歌作为配乐,以动听的旋律让同学感受民俗之美和先辈们昂扬的精神面貌;课中动作教学穿插儒家思想、武术礼仪和武学先辈光荣事迹讲述,于无形中达到德育渗透的效果;在秉承"安全第一"的原则上,对课中开展的分组对练环节做好示范,向同学们传递"止戈为武""点到为止"的谦和之学。同时,学生通过六艺太极拳的学习,能够提高自身的综合素质。大多数大学生不仅能够在课堂上学到太极拳的技巧,更能深挖其背后深刻的文化内涵与德育价值。

课程二:八佾舞

"佾"是指奏乐舞蹈的行列,也是传统礼制中表示社会地位的乐舞等级、规格。一佾指一列8人,八佾八列共64人。按周礼,我国古代只有天子才能用八佾,诸侯用六佾,卿大夫用四佾,士用二佾。《论语·八佾》:"孔子谓季氏,'八佾舞于庭,是可忍也,孰不可忍也'。"讲述的便是孔子得知鲁国大夫季氏在家庙中,用八佾奏乐舞蹈后发出的感叹。季氏是正卿,只能用四佾,他却用八佾,属于不可忍受的僭越行为。八佾舞的舞者身着古代制式礼服,一组三十二人(男)手执盾、戚,另一组亦为三十二人(女)手执雉翟、龠。从动作层面上来看,古代八佾舞均依照舞谱进行表演,动作庄严齐一,节奏平稳,无快慢之分,是纯礼仪的祭祀舞蹈。

"八佾舞"是我国古代规格最高的祭祀舞蹈,是中华传统礼教的重要组成部分,也是对"礼"的最好诠释。从大典中的八佾舞使用的道具来看,主要包括两种,即"翟"和"龠"。翟是舞蹈的一种象征,而龠是音乐的象征。"翟"是古代乐舞用的雉羽,也就是美丽的羽毛,是人们对美丽圣洁的向往。"翟"这一道具的运用,主要是为了使人的行为得到规范化,使人的形体仪表端庄,在表演中将它举过头顶的造型,彰显出对圣人的敬重之情。"龠"的外形犹如竹笛,但又与竹笛不同,是古代的一类竹制乐器,内在含义是雅乐可使人的内心得到熏陶和感化,能够使人们的思想与言行得到端正,从而形成良好的精神品格。与此同时,我们可以从曲阜祭孔大典的舞蹈中看到"翟"和"龠",在表演中很多时候都是呈现出"十"字交叉的形状,其深层内涵意为十全十美,表现出的是一种最高的崇敬之情。

如果把祭孔乐舞纳入高校的公共体育教育中,会有何种启示呢?孔子要求弟子习"礼",其中包括对身体的要求,习舞者应通过用身体实践礼仪来达到对精神的铸炼。孔门弟子学习祭孔乐舞,并不仅仅是学习古代礼仪,还是通过身体实践对儒家思想的认知。所以,习"礼"说到底,学的不仅仅是礼仪,更重要的是文化。假如,我们把祭孔乐舞纳入日常课堂学习,让大学生用自己的身体来了解中国传统文化,这岂不是培养大学生的一种更好的方式?我国部分地区的高校把祭孔大典纳入日常教学中,每年的仪式中除了礼生之外,乐生、歌生和舞生全部由大学生担任,并形成了一种传统。这种教育方式或许会是真正在实践祭孔仪式,让大学生用身体来体验传统文化,并将这种传统真诚地延续下去。祭祀大典上的八佾舞,表达了参祭人士对中华民族始祖炎帝神农氏的无限景仰和崇敬。

2. 明确"谁来教",切实提升高校体育教师的传统文化素养

习近平总书记提出的"教师是传播知识、传播思想、传播真理的工作,是塑造灵魂、塑造生命、塑造人的工作,理应受到尊敬,要在全社会弘扬尊师重教的良好风尚",教师是落实立德树人根本任务的主力军。若要高质量地推进儒家优秀文化融入新时代高校公共体育课教学中,离不开一支政治过硬、业务精湛、勇于钻研、敢于创新的教师队伍。

高校公共体育教师在担负着指导和引领大学生健康成长的同时,还兼有对大学生进行传统文化的传授和教育之责。因此,除了掌握体育专业技能知识,在提升传统文化素养与身教能力方面,体育教师更要做到身体力行。教师作为优秀传统文化传承的引领者,首先要做到以德立身、以德立学、以德施教。因为教师对大学生的影响与其学识、能力、为人处世,以及价值观等都有密切关系,所以提升教师的传统文化素养和言传身教能力至关重要。

教师作为优秀传统文化传承的引领者,还要以身作则地将蕴含价值理念与道德规范的中华优秀传统文化精髓和社会主义核心价值观"内化于心、外化于行",并在此基础上潜移默化地引领和影响大学生。教师作为优秀传统文化传承的引领者,还应该具备对传统文化做出理性反思、客观审视以及对价值做出正确判断的能力。唯有如此,才能以身作则地做好将中华优秀文化融入体育教育中的创造性转化和创新性发展工作。

(1)提升高校公共体育教师传统文化素养的重要意义

一方面,提升高校公共体育教师传统文化素养有利于传承和弘扬中华优秀传统文化。中华民族在五千多年的发展历程中创造了优秀传统文化。中华优秀传统文化是中华民族的宝贵遗产和精神命脉,是中华文明发展进步的精神力量,是治国理政、安邦济世的思想资源,是涵养社会主义核心价值观的道德源泉。中华优秀传统文化蕴含着丰富的内容,如关于仁者爱人、厚德载物、清廉从政的思想等。尽管时代发生了巨大变化,但中华优秀传统文化历久弥坚,直到今天仍然具有重要的时代价值。但是,中华优秀传统文化博大精深,内容非常丰富,又蕴含于内容庞杂的传统文化之中,要想传承和弘扬好中华优秀传统文化,这对新时代高校公共体育教师的优秀传统文化素养提出了更高的要求。为此,我们必须根据时代的发展变化,不断加强中华优秀传统文化的理论学习和实践研究,增强运用中华优秀传统文化开展公共体育课创新教学的能力;我们必须坚持与时俱进、推陈出新,把具有时代价值的中华文化精神弘扬发展,才能结合新时代条件更好地传承和弘扬好中华优秀传统文化。

另一方面,提升高校公共体育教师传统文化素养是提高高校人才培养质量,促进大学生全面发展的重要保证。中华优秀传统文化是文化的重要组成部分,具有较强的实用性,能够引起高校大学生的学习兴趣,有利于促进大学生的全面健康发展。作为新时代的大学生,肩负着实现"第二个百年奋斗目标"和实现中华民族伟大复兴中国梦的使命和责任。时代的发展要求大学生不仅具有渊博的知识、健康的体魄和良好的心理素质,还必须具有深厚的文化基础和较高的道德素养。一个对本国文化都不了解的大学生,是很难获得长足发展的。当前,有一些高校的大学生对中华优秀传统文化有距离感和陌生感,存在对中华优秀传统文化知识匮乏、民族认同感淡化等问题。新时代高校公共体育教师,只有本身具备较高的中华优秀传统文化素养,才能在公共体育课教学中把中华优秀传统文化有效传输给大学生,强化其民族认同感,培育民族精神,提升大学生对我国社会主义文化的自信心;才能使大学生全面而深刻地了解中国的历史文化,增强其民族文化自信和价值观自信,自觉践行社会主义核心价值观,从而树立民族自信心和自豪感;才能使大学生从中获得精神鼓舞,升华思想境界,陶冶道德情操,完善优良品格。这就为提高高校人才培养质量,促进大学生全面发展提供了重要保障。

(2)提升高校公共体育教师传统文化素养的具体路径

一是要积极构建学习中华优秀传统文化知识体系。加强中华优秀传统文化的理论学习和实践研究,主动提升中华优秀传统文化素养,部分公共体育教师虽然具备了一定的学术功底,但是由于缺乏全面系统的中华优秀传统文化的学习和培训,其中华优秀传统文化理论功底不扎实,不深厚,将中华优秀传文化融入公共体育课教学的创新能力不足。因此,必须构建学习中华优秀传统文化知识体系,让公共体育教师全面、系统学习和了解中华优秀传统文化相关知识。

体育教师要在理论上深化研究,在实践上积极探索,努力把中华优秀传统文化的理论学习和实践研究结合起来,加强对中华优秀传统文化相关知识的涉猎,把握和领会其精髓,并将中华优秀传统文化的丰富资源创造性地运用到公共体育课教学中,从而实现体育课教学课程思政和文化使命的有机统一。

二是要切实加强中华优秀传统文化融入公共体育课教学研究。要想使中华优秀传统文化融入体育课教学取得明显成效,除了要求公共体育教师具备深厚的马克思主义理论功底、宽广的中华优秀传统文化知识结构外,还要有运用中华优秀传统文化进行公共体育课教学的能力。因此,高校公共体育教师要通过各种途径,积极开发中华优秀传统文化的丰富资源,把中华优秀传统文化的丰富资源有选择地吸收到高校公共体育课的教育教学体系,在公共体育课教学中灵活运用中华优秀传统文化。

中华优秀传统文化是一个独立、完整的思想文化体系,在长时期的演变中形成了独特风格。如果与时代发展不能很好地交融相通,就不可能有旺盛的生命力。因此,要站在历史与时代的高度,不断给予中华优秀传统文化新的时代内涵,实现中华优秀传统文化创造性转化、创新性发展,让中华优秀传统文化与时代发展相融相通。

要充分利用教研活动,加强对教学内容的研究,思考如何将中华优秀传统文化有机嵌入教学内容。在将中华优秀传统文化融入高校公共体育课教学时,要结合学生的特点、兴趣点、关注度和知识面来安排教学内容。要把中华优秀传统文化以学生喜欢、接受的方式融入课堂教学体系中,弘扬和培育中华优秀传统美德,提高大学生的思想道德水平,坚定学生远大的共产主义理想信念。

要找到中华优秀传统文化与时代发展的契合点、公共体育课程本身与中华优秀传统文化结合的契合点,将中华优秀传统文化有效融入思政课教学中,深入挖掘和阐发中华优秀传统文化的时代价值。要结合新时代的实践要求进行正确取舍,推动中华优秀传统文化扬弃继承、转化创新。当然,高校也要经常组织公共体育教师开展教学研讨,研究如何才能有效地将中华优秀传统文化融入公共体育课教学中。对积极利用中华优秀传统文化进行公共体育课教学的优秀示范课程,高校应组织体育教师认真学习其先进的经验和好的做法,使教师在潜移默化中提高自觉运用中华优秀传统文化的意识。中华优秀传统文化是在历史过程中逐步积淀下来的,形成于一定的历史和社会环境中,教师讲授时需要考虑不同的"教育方式"。但在今天的公共体育课教学中,部分体育教师采用"单一的灌输式"的教育模式,过分注重传统知识的灌输。这种"单一的灌输式"的教育模式,使得中华优秀传统文化在融入公共体育课教学过程中难以深入学生心中,并激发其学习兴趣。

因此,公共体育教师必须加强教学方法研究,改变"单一灌输式"的教学模式,采用启发式、情景式、研究式等灵活多样的教学模式,在教学方法上促使中华优秀传统文化融入高校公共体育课。例如,在公共体育课教学过程中,可以选取中华优秀传统文化某个知识点作为主题,组织大学生开展课堂研讨,积极启发大学生思考,以此提高课堂教学的吸引力和大学生的学习兴趣。

要充分利用互联网和新媒体平台,加强师生交流和互动,最大限度调动大学生学习的积极性和主动性,增强大学生对教学内容的理论认同和情感认同。要把课堂教学和课外实践教学有机结合起来,充分挖掘利用校内外历史文化资源、文化古迹等,打破课堂讲授的单一模式,运用实地现场教学、情景模拟、角色扮演等模式,让学生近距离接受中华优秀传统文化的熏陶。

三是要不断提高运用中华优秀传统文化进行公共体育课教学的创新能力。由于部分公共体育教师挖掘和运用中华优秀传统文化的能力不强,在将中华优秀传统文化融入公共体育课教学时,大多仅仅停留在"机械融合"层面,课堂讲授时只是浮于表面,没有深入考察中华优秀传统文化的时代背景、实质内涵等因素,这就使得学生很难全面、深入地理解其内涵,使得中华优秀传统文化在公共体育课中的运用和渗透不能达到预期效果,削弱了中华优秀传统文化在公共体育课中的运用价值。因此,公共体育教师除了努力加强中华优秀传统文化的理论学习外,还要认真思考如何才能将中华优秀传统文化有效融入公共体育课的课程体系当中。这就要求高校公共体育教师不仅要将中华优秀传统文化作为可以借鉴的资源进行开发利用,更要在体育课堂教学中,根据时代发展变化对其内容和形式创造性转化,用通俗易懂、生动形象、喜闻乐见的语言表达出来,活跃教学气氛,启发学生思考,以增强教学效果,使大学生从中汲取中华民族的精神力量,增强民族自豪感,保持对中华优秀传统文化的自信,让儒家优秀传统文化成为激励自己不断前行的精神力量。

四是要加强公共体育教师儒家优秀文化的培训。为了提高公共体育教师运用中华优秀传统文化开展公共体育课教学的能力,应对其加强有针对性的培训。因此,高校要建立和完善对公共体育教师进行关于中华优秀传统文化的培训制度。高校可以定期组织公共体育教师进行线上和线下、集中和分散等多种方式的培训。培训的内容应包含儒家优秀文化的理论知识、运用儒家优秀文化进行公共体育课教学的方式方法以及在教学过程中需要注意的问题等。同时,高校也可以邀请相关领域的专家学者为公共体育教师做专题报告,开设有关儒家优秀文化的讲座。要充分利用互联网,通过视频讲座和互动交流研讨等多种形式组织教师进行线上线下学习。此外,高校要积极动员、组织公共体育教师到儒家优秀文化现场,如历史遗迹、博物馆、纪念馆等进行参观学习。通过实践研修,教师能在潜移默化中感受儒家优秀文化的魅力,增强教学的积极性和主动性。

五是要身体力行,用人格素养润物无声、潜移默化地影响学生。高校公共体育教师不但要善于在课堂教学过程中把儒家优秀文化与公共体育课教学有机结合起来,以深厚的传统文化底蕴激发学生学习儒家优秀文化的热情和兴趣,在课堂教学之外还要身体力行,用人格素养润物无声、潜移默化地影响学生。人格是一个人精神修养的集中体现,能够反映一个人的品质修养。"有人格,才有吸引力。亲其师,才能信其道。"教师的人格魅力是教师良好的精神风貌和行事风格的凝练和升华。高校公共体育教师的人格魅力,以其内在的崇高的人生态度和情感为支撑,以其外在的形象气质为依托,通过课上循循善诱、课下为人师表的行事风格感召学生。

为此,公共体育教师要不断提高理论水平,以渊博的学识和深厚的文化素养赢得学生的认可,树立良好的教师形象;要完善自身人格,强化自身道德素养,在学生中树立积极学习儒家优秀文化的榜样。同时,要全方位提升教师素养,使其做到以德立身、以德立学、以德施教,用高尚的思想品格和人格魅力吸引、影响和教育学生,自觉做为学为人的表率,真正做到"学为人师,行为世范"。

3. 明确"如何评价",保障融入的育人质量与效果

有什么样的评价,就有什么样的导向。正如美国著名教育评价学专家斯塔弗宾所言:"评价的目的不在证明,而在改进。"

（1）明晰教育评价的含义

儒家优秀文化融入高校公共体育教育课程的评价,主要包括两个基本的方面:一是对儒家优秀文化融入课程的效果评价,二是对儒家优秀文化融入课程的教学评价。前者主要是有关儒家优秀文化如何融入课程、融入程度如何,这需要一定的顶层设计,将儒家优秀文化融入课程作为高校公共体育教育建设的一项制度;后者主要关注各门课程的实践操作,要以公共体育教育培养目标为评价标准,通过大学生学习的过程性评价和终结性评价相结合的方式,不以学生识记儒家传统文化知识为标准,而以考查学生对待儒家优秀文化及儒家优秀文化的价值与作用为依据。

（2）完善儒家优秀文化教学评价系统

那么,应该怎样完善儒家优秀文化教学评价系统呢?具体来说,一是要建立自上而下的逐级评价监督体系。比如,教育部对各地方教育管理部门进行评价,地方教育管理部门对各管辖的高校进行评价,各高校对下属的学院、学科进行评价等。二是要建立左右联动的多方参与评价主体体系。评价主体不再是传统的某一主体,而是一个多方命运共同体,有教师、学生、管理者、家长、社会（第三方机构）,涉及校内、校外,各评价主体各司其职,分类赋权,最终在协商的基础上形成综合评价体系。三是要建立相互交错的多维度分类评价内容。

（3）建立将中华优秀传统文化融入公共体育课教学的激励机制

教育行政部门要加强对公共体育教师运用儒家优秀文化开展公共体育课教学的管理和监督,把公共体育教师运用儒家优秀文化开展公共体育课教学的情况列为教学常规视导、督导评估等重要评估指标。要通过制订教学计划,加强教学过程管理,对教师将儒家优秀文化融入公共体育课教学的实施情况进行督查、考核和评价,并将考核、评价结果与教师的职称晋升晋级挂钩,以此来提高教师将儒家优秀文化融入公共体育课教学的重视程度,充分调动教师将儒家优秀文化有效融入公共体育课教学的积极性、主动性和创造性。

三、提升大学生对浸润儒家优秀文化的公共体育课的学习热情

高等院校公共体育课教学是培养大学生身体和心理素质健康的主要渠道,也是美育教育和学生健康人格培养的重要环节。然而,现在许多大学生上体育课都怕苦、怕累,甚至怕出汗。有些大学生喜欢体育,但不喜欢上体育课,于是就出现教学中故意请假、逃课的现象,体育课的教学质量始终不能提高,进而大学生的体育锻炼就跟不上,造成体质不断下降。

(一)大学生对体育课学习兴趣情况的调研

兴趣对完成任何一项事情能起到非常大的推动作用;同时,兴趣也是最好的指引者,为人们主动学习奠定了基础。有了兴趣,大学生才会更加积极和主动地去学习。因此,要提高大学生对公共体育课的参考度,必须使他们产生浓厚的兴趣。

笔者调查发现,大学生自身对公共体育课兴趣不高,锻炼身体的积极性不高,健康意识不足,不利于大学生对公共体育课兴趣的发展。被调查者中,有20%的学生对公共体育课的兴趣浓厚,有25%的学生对公共体育课有兴趣,有30%的学生对公共体育课无所谓,有25%的学生对公共体育课无兴趣。

(二)提高大学生学习浸润儒家优秀文化的体育课兴趣的途径

1.培养大学生学习的自信心

在公共体育课教学中,由于部分大学生自身体育素质方面的不足,导致其在具体参与体育活动过程中产生自卑心理,降低了他们参与体育活动的积极性并逐渐对体育课失去了兴趣。

对于此类学生,授课教师要在教学中通过言语等方面的鼓励来激励学生,不断提高学生的自信心;同时,还要加强对大学生的正面引导与教育,使其能够正视自身存在的不足,形成正确的体育参与观念,并逐渐明确其学习目的。在具体操作过程中,高校公共体育教师可以利用理论知识讲授、电视录像、案例分析、专题讲座、名人报告会等各种方式,让学生真正了解体育思想的内涵、本质及体育的功能、目标等,帮助大学生形成正确的体育观念,激发大学生的体育学习动机。

比如,大学生在体育活动中取得进步后,授课教师要进行恰当的表扬;在大学生动作学习没有突破,表现出胆怯时,要及时鼓励、示范;在大学生练习失败时,要主动帮助大学生寻找原因,鼓励他们大胆尝试。在教学中要以表扬鼓励为主,对于大学生出现的错误和不足尽量避免采取批评的方式,要用耐心来指导大学生,用爱心来感化大学生,这样才能逐步提高大学生的学习兴趣和积极性。

2. 培养大学生的主动性

传统的公共体育课教学通常是以教师为主体,大学生只是被动地接受,依然是一种"填鸭式"的教学模式。为了从根本上改变这种传统的教学模式,教师应转换角色,改变教学方式。例如,在公共体育课教学中,教师可以给大学生当老师的机会,让大学生在教学过程中转换角色,可以尝试着让他们自行讨论组织具体的教学内容。在这种角色转变过程中,可以先从比较简单的教学内容开始,让大学生去讨论,再慢慢推广到其他方面,最终推举出一个同学来组织完成。教师要给予大学生足够的自主权利和相应的鼓励,以及相应的指导,这样既能引起大学生的学习兴趣,又能培养他们的学习能力。通过这样的实践,大学生由原来的不爱、不会到现在的自觉、自愿,学习兴趣逐步提升,学习的劲头也随之不断提高。但这样的创新性教学课程不宜过多,应结合具体的课时安排来进行。

3. 培养大学生的喜悦感

新课改的理念在一定程度上为公共体育课教学提供了借鉴意义。分层教学方法在实践当中的运用,主要表现为因材施教,并在关注大学生的个体差异方面取得了很大的进步。在实际的体育教学过程中,大学生的个体差异如身体素质、接受能力等都是不同的,因此在教学过程中应结合实际需求采用分层教学法来均衡不同大学生之间的差异。比如,在跨越式跳远教学中,对于那些始终无法在一个距离上达到同一水平的学生,就可以将这部分大学生单独集中起来,适当降低对他们的要求,通过一些辅助性的练习措施,从最基本的技术抓起,逐步练习,使他们不断取得新的突破,这样当他们完成一个目标后,喜悦感就会自然而生,从而提高他们的自信心和学习欲望。

在此基础上，可以让大学生在新的高度上进行练习，提高要求，激发他们对公共体育课的兴趣。而对于身体素质较好、能力突出的学生可以在实际练习中适当地提高对动作难度的要求，适当增加难度来提高大学生对于公共体育课程的学习兴趣。

4. 培养大学生的成就感

失败是成功之母，然而进一步的成功对于最终成功更能发挥重要作用。让大学生适度地获得成功的感觉，可以进一步激发大学生学习的兴趣，增强大学生学习的劲头。体育教师在日常的教学过程中，对大学生自身的优点和其所取得的成绩要及时采取肯定态度，多鼓励和认可大学生，在一定程度上，教师的态度是大学生获得自信心的源泉。苏霍姆林斯基曾经提出这样的理论："只有在学习获得成功而产生鼓舞的地方，才会出现学习兴趣。"尤其是对于那些在体育方面较差的大学生而言，他们往往不愿意参加体育锻炼，这时体育教师就要充分发挥主观能动性，设法降低对这些大学生体育学习的要求，增加他们获得成功的机会。

例如，教师可以采取一系列的激励措施，如采取口头表扬、简单的物质奖励等来激励大学生，当大学生获得老师的表扬或奖励之后内心会产生一定的"成功感"或是"被肯定感"，有了这样一点小小的成就感，大学生就会受到极大的鼓舞，运动的兴趣就产生了，他们自然会自觉自愿地参与到体育课堂中去了。所以，在公共体育课教学过程中，体育教师要设法让大学生获得更多的成功感，无论大学生取得的成绩大小都要及时给予肯定，充分调动他们在运动方面的积极性，通俗讲就是需要激发动机。

当前的状况就是，大学生的自尊心普遍较强，有的学生由于性格等因素，还存在一定的畏惧心理。因此，在实际的教学过程中，采用一些适度的鼓励措施会对大学生起到一定的鼓励作用。根据调查显示，在学习的过程当中，大部分大学生渴望自己能受到老师的表扬和鼓励。体育老师要经常鼓励大学生，但一定要把握好度，无论是表扬的方式还是具体的奖励要尽量做到公平合理，恰到好处，从而最大限度地激发他们的积极性。

综上所述，注重培养大学生的体育兴趣，在高等院校的公共体育课教学中，教师应把对大学生体育兴趣的培养放在第一位，使他们逐渐对体育产生兴趣,只有这样才能够提高高等院校的体育教学质量,提高大学生的身体素质,使其明确运动目的,增强运动动机。多参加体育运动,对我们自身有很多益处,不仅可以强身健体,还可以修身养性,使人与人之间的相处更加和谐。

大学生在大学学习生活中,体育是重要的课程之一,有利于培养他们的身心健康。因此,学校的管理者、教师、社团等应做好指导工作,明确体育运动目的,鼓励大学生树立正确的体育运动观,从而拥有更强的运动动机,使其参与体育运动更加积极和热情,成为德智体美劳全面发展的国家栋梁。

(三)大学生要自觉涵养并传承优秀传统文化精神

体育教育有其本身的特点。为此,要充分发挥体育教育的独特优势,通过不同渠道的学习和实践,使大学生能够自觉涵养并传承优秀传统文化精神。

首先,第一课堂与第二课堂的融合,将会使大学生在体育教育中更加自觉地学习优秀传统文化知识。这里所说的第一课堂,主要是指在实施公共体育课教育过程中,所开设的一些必修课和选修课。在第一课堂中,大学生在获得体育技能的基础上,通过人文素养与科学素养的统一与融合,使自己的体育技能和传统文化知识技能都能得到改善和提高,以达到协调统一。而第二课堂,意指在必修课与选修课基础上开展的形式多样的优秀传统文化艺术活动,如与体育相关的学术讲堂、优秀传统文化艺术作品欣赏等。通过第一课堂与第二课堂的交叉、融合,可以使大学生在体育教育中真正学习和体会到中华优秀传统文化的精髓。

其次,结合公共体育教育的特点,让大学生在社会实践活动中通过对民族传统文化的学习提高自己的文化素养。这类社会实践活动的特色,就是通过各类体育团体组织开展的各种各样的体育社会实践和优秀传统文化实践活动,提高、改善学生的社会实践能力以及对优秀传统文化的理解能力,这种形式是对中华优秀传统文化内涵的最佳实践性诠释。体育精神中有刚有柔,刚性是外在的,柔的一面是文化的内核,只有在实践中才能使二者完美融合。

总之,使大学生自觉践行中华优秀传统体育文化精神,是养成、浸润、生成、升华,而不是命令、强制。只有在教育的基础上引导学生坚持知行合一、坚持为人与为学的统一,实现能力与德性、知识与修养的自觉均衡发展,才能自觉涵养并传承优秀传统文化精神。

四、建立儒家优秀文化融入公共体育课教学的"三全育人"保障机制

为了推进中华传统文化和高校通识教育的融合创新,高校努力构建"全员、全方位、全过程"的"三全育人"的保障机制,为儒家优秀文化融入公共体育课教学中提供了重要支撑。

(一)重视制度建设,完善政策保障机制

中华优秀传统文化融入高校公共体育教育的保障机制是指,为推动中华优秀传统文化融入公共体育教育过程,取得预期融入目标和成效而产生的工作程序与工作方式。换言之,中华优秀传统文化融入公共体育教育机制,是通过制定融入制度、设置融入程序、改变融入要素结构等方式来实现设定的目标。因此,建立健全融入机制是推进中华优秀传统文化融入大学生公共体育教育进程、增强融入实效的重要保障和举措,否则融入活动将难以维持和有效运行。

1.构建"全员育人"的保障机制

构建"全员育人"的保障机制即充分依靠社会、学校和家庭的合力,统筹规划所有教育主体资源并合理应用,为高校公共体育教育提供良好的传统文化氛围,使其文化诉求功能充分发挥。

2.构建"全过程育人"的保障机制

构建"全过程育人"的保障机制即设立具体的可行性评价标准,采用过程评价和结果评价相结合、定量和定性评价相结合的方式,及时了解公共体育教育中传统文化融入的情况及效果。在此基础上,还要建立效果评价体系,将其应用于实践,并根据评价结果及时对融入中存在的问题进行纠正。

3.构建"全方位育人"的保障机制

构建"全方位育人"的保障机制即重点落实各种传统文化资源的落实及应用,保障人力、人力、物力、财力等各项专项资助能及时到位,并有相应制度进行严格监督,以此保证专项资助能真正物尽其用,真正发挥功效。

（二）建立儒家优秀文化融入高校公共体育教育的激励机制

激励机制是指通过一定的手段和方法，端正教研队伍动机、调动教研队伍工作热情和创新积极性、挖掘教研队伍潜能等，以保证融入方向并引导教研人员行为朝着所期待的目标前进。毫无疑问，"激励的内容包括物质激励和精神激励，激励的形式包括正激励和负激励"。因此，健全激励机制也应从激励的内容和激励的形式作为切入点，来激发教研队伍的创新活力。

一方面，健全正激励机制。这主要包括物质激励、精神激励。比如，物质激励，对中华优秀传统文化融入高校公共体育教育教研能力强、做出突出贡献、表现良好的教研团队或个人，可以给予更多科研项目申报、培训外出考察、评优评先、职务晋升等方面的政策导向，以使教研队伍保持持久的创新活力并形成良性创新循环。

另一方面，健全负激励机制。负激励机制主要是对懈怠、敷衍了事或出现不良动机及偏离目标方向行为的教研队伍或个人进行批评和惩罚，在形成高压震慑的同时，倒逼教研队伍或个人从思想到行动都朝着所期待的目标前进。其主要包括物质处罚、荣誉处罚、政策处罚、舆论处罚等。

无论是中华优秀传统文化融入高校公共体育教育的正激励或负激励，措施上要坚持适度原则、做到公平合理；激励标准具体细致，做到赏罚分明；奖惩举措切实可行，做到公开透明，尤其要形成激励手段多样、激励方法互补的综合性激励体系。

要想实现儒家优秀文化融入高校公共体育教育的预期目标，除了要在宏观层面加强组织领导、管理规划之外，还要从微观层面入手，在具体的考评激励制度建设、人才队伍建设机制、经费保障机制建设等方面做足功夫。

第一，健全考评激励机制，激发多元主体的内生动力。凡事预则立，就融入工作而言，保障机制既要激发教育者在融入过程的引导力，创新融入成果，也要调动大学生的积极性与参与度，从而实现教育效果的最大化。毫无疑问，推动儒家优秀文化的有效融入是一项周期长、见效慢的创新举措，为了确保该研究的推进，可以定期采用问卷、访谈和随机抽查的方式在大学生群体中针对儒家优秀文化在思想素质、价值观养成、人格塑造、道德教育等方面发挥的实际作用进行综合测评，获取一线的调查数据。

而后,对所得数据进行综合分析,就融入工作相对扎实的部分,对相关工作人员进行实际的表扬嘉奖并对优秀经验和机制进行总结推广,为相关研究工作的开展提供经验借鉴;此外,就融入工作的薄弱环节,针对具体问题制定可行的补救措施,促进融入工作长效机制的建立。另一方面,就受教育者而言,须切实完善并推进激励机制的运用。通过具体目标的设定调动教育对象的积极性,激发大学生在融入过程的主动性、创造性。为此,要结合儒家优秀文化的实际融入情况,深入探讨激励机制的运行规律,将激励主体、客体、方式和环境要素统一起来进行综合考量。

首先,设立赏识机制,使得大学生获取一定物质或精神奖励,不断激发他们自觉、主动学习中华优秀传统文化的内在行为。其次,以激促竞,在推进融入工作这一过程中,激励机制的运用可以突出同辈群体中的优秀者,在促使先进学生获得满足感的同时,还可以发挥同辈群体的榜样效应,从而带动其他学生依托儒家优秀文化开展公共体育教育的学习,形成竞相学习的良好风气。最后,激励机制的应用,可以有效"刺激"大学生走出舒适区,克服一些懒散、封闭的生活和学习习惯,激发自身潜在能力,调整身心状态,还能促使大学生在对社会主义先进文化的学习过程中找到自己感兴趣的内容并进行深入研究,从而实现德育、体育和智育的协同发展,提高其综合素质。

第二,完善人才队伍建设机制。推动儒家优秀文化融入大学生公共体育教育是一场耗时、耗力的长期工作,同时融入研究还涉及交叉学科的知识内容,这就对教师队伍建设提出了更高的要求。因此,在专门教师和公共体育人才的选拔、储备方面要考虑其综合素质,这样才能够使他们在胜任高校公共体育教育工作的同时,有充分的时间、精力、力肩负起儒家优秀文化的教育传承与发展工作。除此之外,组织人才队伍积极投身儒家优秀文化融入高校公共体育教育的实践、调研过程,从而根据融入的实际情况,调整融入路径,整合融入载体,运用融入方法,在针对具体问题规范融入研究的过程中,提升人才队伍的田野调查能力、数据分析能力,从而提升人才队伍的整体水平。

第三,完善经费保障机制。加强组织领导,调动人力、物力,实现优秀传统文化有机融入的系列工作的开展都需要经费的持续投入,从而确保研究的顺利推进。为了进一步落实经费保障机制,首先,应该做好前期的预算工作。根据专业评估人员对该研究所做的系统预算,针对儒家优秀文化融入高校公共体育教育的理论与实践研究,设立专项基金,用以招揽专业人才和购买相关设施设备,为融入工作的开展奠定前提基础。其次,加强经费的使用管理,详细记录整个期间研究经费的具体花销,对推进融入工作的各部门具体支出情况加以记录,明晰融入研究中经费支出占比多的活动和项目,制订收支平衡计划和方案,在满足人力、物力、财力各资源调配的情况下,秉承"将每一分钱花在刀刃上"的节俭精神和优良传统,避免资源浪费现象的出现,顺利推进儒家优秀文化的传承转化工作、宣传推广工作、打造文创产品、举办相关文化活动,确保融入的理论研究工作和实践调研活动有序开展。

(三)加强教育引导,营造良好融入氛围

实现儒家优秀文化的有效融入,就要重视教育环境的积极构建。通过重视培育现代优良家风、强化校园文化建设、构建良好的社会文化环境来凝聚社会共识,提高全社会对儒家优秀文化与高校公共体育教育有机融合的重视程度,从而为融入工作的有序开展提供良好的环境支撑。

首先,积极培育现代优良家风。中华优秀传统家训文化作为古代德育的重要文本,经过不断地发展补充进一步丰富了家风、门风的内涵,并在以血缘为纽带的家庭历代传承中逐渐形成了较为稳定的传统习惯、生活风尚、处世之道与精神面貌。在优秀家训文化、家风等种种因素的加持下,家庭的教育功能也在不断凸显,并成为三大教育体系之一。因此,仍需通过积极培育现代优良家风来为融入工作创造良好的外部环境。

第一,借助中华优秀传统文化实现对社会道德规范的"生活化"解读,促进家庭内部微观道德规范的建设,提升家庭成员对社会主义核心价值观的内化水平。另外,社会主义核心价值观作为培育现代优良家风的重要价值导向,必须站在宏观角度认真解读"爱国、敬业、诚信、友善"的丰富内涵,进而对照这八个字进行抽象到具体的归纳、总结,促使不同年龄段的个体明晰社会主义核心价值观在个人层面所做出的道德要求,从而做到积极践履。所以,培育现代优良家风的过程就是将"道德规范"这一词语拉近并融入个体日常言行举止的过程。其中,中华优秀传统文化蕴含的长辈经验累积,加之通俗易懂的表述、血

缘亲情感化和激励惩戒等方式的浸润、熏陶、引领作用得到了淋漓尽致的发挥。同时也印证了陶行知先生提出的"生活即教育"思想，并进一步说明了中华优秀传统文化实现了将教育寓于生活。例如，三国时蜀汉政治家、军事家诸葛亮写下《诫子书》，告诫子侄要养德明志，宁静致远；魏晋时期文学家、名士嵇康写下《家诫》教导儿子要立志高雅，守志不移；曹魏时期的王祥"卧冰求鲤"；明代的杨继盛"和好到老"的思想观念。这些将立志、理想信念教育和孝悌等抽象道德规范结合亲身经历和著书的形式进行了"生活化"解读，使道德教育在解决个人生活的具体问题中得到浸润熏陶。因此，积极培育现代优良家风，促进社会成员加强对中华优秀传统文化深入传承学习的同时，还可以运用其对社会全体成员做出要求的宏观道德规范体系进行贴合生活化的解读，从而进一步丰富中华优秀传统文化的内涵，实现家庭微观道德规范体系的建设，满足家庭对于个体社会化的促进作用。另一方面，培育优良家风，实现对社会主义核心价值观的微观建构，运用家训、家规的训诫教导，可以将个人与他人、社会的部分矛盾得以在家庭内部化解，从而为培养个人私德、家庭美德、职业道德、维护和谐的人际关系和社会氛围做出积极贡献。

第二，提高全社会对传承发展中华优秀传统文化和开展家庭教育的重视程度。从"国之本在家"就可以看出家的重要地位和作用。从中国历史的角度看，我们可以列举出许多的军事家、文学家、思想家、政治家等等，这些明君、名臣、名士、英雄人物、优秀楷模之所以能够名垂千古，成为后人反复学习和对他人施加教育的典范，都与古人重视家庭教育并将其放在教育的首要地位的缘故密不可分。纵览关于中国家训的经典名篇，我们可以清楚地看到西周初年古人便已懂得胎教的道理，如文王母太任、武王妃、成王母秉持"目不视恶色，口不出敖言，独处而不倨"的准则来实施胎教；刘向《列女传》中记述的春秋战国期间的贤母教子等具体家庭教育形式的开展，强调在"稚子时期"就对子女施加教导，能够通过家庭教育实现对幼子良好道德和行为习惯的养成，为今后成长树立"随心所欲而不逾矩"的坚守，从而在家庭教育的浸润和熏陶之下达到"化其德而从其教"的效果，并培养子女对于真、善、美崇尚的浩然正气和抵御各种诱惑的坚定毅力，这从侧面反映出家庭教育在传承中华优秀传统文化、培养优良品德和国之用才方面的重要意义。从社会结构和社会治理的角度看，家庭作为社会最基础的组织形式,作为社会的组成细胞,其职能和活力可能会随着社会、时代的发展而不断丰富,但其所具有的血缘亲情联系会得到持久的延续,而延续发展的这一纽带会维系家庭教养训导作用的继续发挥,从而促进中华优秀传统文化的持续发展。因此,在推进家庭教育和家风建设的过程中,要充分展现中华优秀传统文化发挥的重要教育作用和体现的建设价值,从而提高全社会的重视程度,自觉推进家庭内部的家训、家规、家法完善,将育德教子摆在重要位置。

其次,加强校园文化建设。高校作为培育人才的重要文化场所,其中蕴含的校园文化成为高校公共体育教育发挥浸润熏陶作用的重要途径,从而产生"如入芝兰之室,久而自芳也"的影响。因此,开展形式各样的教学活动、实践活动,促进教师、大学生等主体进行文化交流和碰撞,从而形成独具特色的校园物质文化、精神文化、制度文化和行为文化形态等。然而,要想实现儒家优秀文化的有效融入,就要善于把握一切能够发挥课程思政影响的途径,实现融入工作全方位、多路径的有序开展。加强校园文化建设,有助于拓宽儒家优秀文化融入高校公共体育教育的渠道。加强高校校园文化建设的目的在于,提升其对大学生的涵养效果,进而打造校园文化品牌建设。立足实现儒家优秀文化有效融入的角度,大学生群体既是高校思想政治教育的对象,也是中华优秀传统文化传承发展的主力军。所以,要在高校校园环境和校园文化建设中充分呈现儒家优秀文化的丰富内涵和思想精华,进而建设道德氛围浓厚、内容丰富多彩、活动形式多样、和谐包容的校园文化,为大学生基本道德规范的养成、良好道德品格的塑造奠定坚实的基础。此外,这一举措能够增进高校领导、教师、辅导员、大学生群体对于儒家优秀文化的深入学习了解和自觉运用,并有助于提升该群体在思想意识上对于推进融入工作的自信和重视,实现中华优秀传统文化的有效融入。

第一,校园环境作为校园文化物质载体的主要内容,对于提升大学生的文化素养、道德素养和审美情趣具有重要作用。在校园物质文化建设层面,应该通过科学性、整体性规划,对校园景观、基础设施、校园网络平台建设进行合理布局和管理,从而在体现教育性的基础上构建儒家优秀文化融入高校公共体育教育的校园环境。将儒家优秀文化融于高校校园文化景观建设之中,构建儒家优秀文化融入的物质载体。高校校园文化景观代表着一个学校整体的文化底蕴、文化特色，承载着教师和大学生的教学活动、科研活动和日常活动，影响着教师和大学生的直观学习和生活体验。将儒家优秀文化的思想精华融于物质景观之中，使得大学生在直观、深入感悟儒家优秀文化的同时，进一步增进其对校园物质文化中蕴含的教育传统、教育理念、教育价值的品析，提升大学生对校园环境的爱护、维护意识。因此，要想实现儒家优秀文化的有效融入，一方面可以根据高校办学理念和培养目标，深入挖掘中华优秀传统文化的体育教育资源，寻找符合高校特色的名人和语录，打造主体雕塑。对在校园景观建设方面，可以将中国家训史上优秀的教育家、文学家、思想家的雕塑及思想进行凸显，感悟跨越时空的思想魅力，体悟儒家优秀文化的思想精华。另一方面，在完善校园建筑群的室内外布置方面，可以增添儒家优秀文化中"砥砺品行""律己修身""勤俭美德""尊师重道"的内容，对于校园教学楼、办公楼、走廊、宣传栏、网页等需要张贴名人名言、训导学生的地方，适当引用儒家优秀文化中代表人物的经典话语，如与"宁静致远""修身养性""交友贵德""学贵专一""劳逸结合"相关的内容，从而营造温馨、和谐的教育环境，促使学生了解儒家优秀文化知识的同时，强化对其心理、健康、信念等方面的疏导与夯实。此外，着力构建教师和学生用以开展日常教学活动、课余活动、实践活动的现代化教学场所，借助现代化教学设施和活动场地助力融入实践的开展，为融入工作提供坚实的设施保障。通过加强校园网络平台的建设管理来实现儒家优秀文化的有效融入。在校园网络平台的建设方面，设置呈现儒家优秀文化的板块，能够对教育部的相关文件精神、校际、家校间合作的内容、相关课程、讲座、活动、实践的安排进行动态呈现，便于学生第一时间学习查阅，为融入研究提供校内平台支撑。

第二，在校园行为文化建设层面，把握社会主流价值取向，加强校园文化活动的顶层设计，实现校园文化活动主体间的良性互动，为大学生开展相关文化活动、实践活动保驾护航，通过开展高校公共体育教育活动实现儒家优秀文化的有效融入。高校公共体育教育活动是实现大学生思想政治教育的重要载体，对涵养大学生思想素质，繁荣校园文化，为高校培育社会所需的"一流"人才方面做出了应有贡献。

第三，营造良好的社会文化氛围。儒家优秀文化作为中华民族极具特色的文化基因，其文化的"化人"功能不言而喻。高校公共体育课具有的文化属性表明其在本质上也是一种文化。那么，其既然是文化就是有方向性的，要想实现二者的有机融合，必须汇集力量在社会层面消除不良文化的影响，营造良好的社会文化氛围，为儒家优秀文化的有效融入提供文化环境支持。

第六章

儒家优秀文化融入高校公共
体育课教学的实践探索
——以曲阜师范大学公共体育射艺课程为例

　　"射艺"作为儒家优秀传统体育文化的典型代表,具有很高的教育价值和健身价值。曲阜师范大学设学于孔子故里,在传承和弘扬儒家优秀文化方面,具有独特的地缘优势。近年来,曲阜师范大学从传承和弘扬儒家优秀文化入手,通过对儒家体育文化进行探索与提炼,将射艺课程引入公共体育课教学中,同时对课程的教学理念、评价体系、教学方法均进行了一定的创新。本部分以曲阜师范大学射艺课程为个案,对射艺课程的开设情况进行实践考察,希望为其他高校引入射艺课程、推动公共体育课教学创新带来启发。

一、曲阜师范大学公共体育射艺课程的开设背景

　　中华优秀传统文化是中华民族的根与魂,儒家文化是中华优秀传统文化的主流。党的十八大以来,以习近平同志为核心的党中央高度重视中华优秀传统文化的传承与弘扬。2014 年 4 月 1 日,教育部发布《完善中华优秀传统文化教育指导纲要》,明确要求把中华优秀传统文化教育融入学校课程,传承与弘扬中华优秀传统文化。2017 年 1 月 25 日,中共中央办公厅、国务院办公厅出台了《关

于实施中华优秀传统文化传承和发展工程的意见》,提出要推动高校开设中国传统文化必修课,加强中华优秀传统文化相关学科建设,重视和发展具有重要文化价值和传承意义的"绝学"、冷门学科,丰富拓展校园文化,推进传统体育等进校园,抓好传统文化教育成果展示活动。

2016 年 12 月,习近平总书记在全国高校思想政治工作会议上强调:"要用好课堂教学这个主渠道,思想政治理论课要坚持在改进中加强,提升思想政治教育亲和力和针对性,满足学生成长发展需求和期待,其他各门课都要守好一段渠、种好责任田,使各类课程与思想政治理论课同向同行,形成协同效应。"

近年来,作为古代"六艺"之一的射艺活动,逐渐走入人们视野,传统射艺伴随着社会历史的发展,逐渐被注入了大量的哲学、礼仪、文学、人文等优秀民族传统文化因子,同时也蕴含着丰富的思想政治教育元素。君子六艺,射为大艺。正是基于以上背景,2019 年曲阜师范大学本着传承中华优秀传统文化,学习传统射艺技艺的宗旨,在曲阜和日照两校区分别开设了射艺公共体育课程,并配备了相应的教学器材,为射艺课程的顺利开设搭建了良好的平台基础。课堂中体育教师还将思政课程内容有机融入射艺课程中,不仅大大提高了大学生身体素质,增强了学生对传统文化的保护意识,也更加坚定了文化自信,实现了道德修养的自我锻炼,既锤炼和塑造了大学生人格的培养,又有利于"立德树人"根本任务的实现。本课程一经推出,就受到了广大学生的青睐,也赢得了一致好评。

二、曲阜师范大学公共体育射艺课程的教学大纲

(一)课程概况

课程名称、适用专业等如下所示。

① 课程名称:射艺(Archery)。

② 适用专业:二年级本科学生和一年级硕士生。

③ 课程教材:

徐开才. 射艺 [M]. 桂林:广西师范大学出版社,2015.

彭林,韩冰雪. 礼射初阶 [M]. 北京:人民体育出版社,2016.

张波.中华射艺［M］.上海:华东师范大学出版社,2021.

刘金鹏.中华传统射艺文献辑录［M］.福州:福建科学技术出版社,2019.

④ 课程类别:公共体育课。

(二)教学设计理念

教学设计理念如图 6.1 所示。

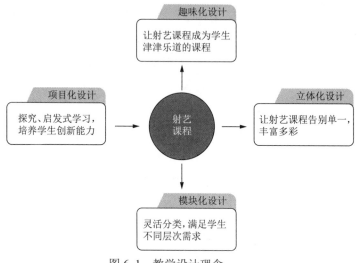

图 6.1　教学设计理念

(三)教学目标

1.运动技能目标

① 通过射艺课程的学习,使学生进一步了解中国传统射艺文化,理解中国射艺文化的历史意义和当代价值,涵养学生的家国情怀,树立传承中国射艺文化的意识。

② 掌握射艺基本动作技术要领,明确射艺需要注意的安全事项,培养不惧艰难、刻苦钻研精神。

2.运动参与目标

参与射艺锻炼,体验射艺快乐,组织射艺比赛,培养团队协作能力。

3. 身体健康目标

通过各种身体素质练习手段,培养自觉锻炼习惯,养成终身体育意识,增进学生身体健康。

4. 心理健康目标

学习中国传统射艺礼仪,发挥礼射的育人功能和价值,体会"射以观德"的内涵,感悟"发而不中,反求诸己"的思想境界,调整心态,培养"尊德崇礼"君子之风,养成乐观的生活态度,建立良好的人生观和价值观,促进心理健康发展。

5. 社会适应目标

让学生通过自主探究、小组研讨、组织竞赛等形式,培养人际交往、活动策划、团队管理等能力,塑造学生创新能力,凝聚团队精神,树立自信心。

(四)教学内容

1. 理论部分

① 射艺运动的起源与历史发展。

② 孔子射艺的文化特色。

③ 当前射艺发展状况与我国高校射艺开展情况。

④ 中国古代与"射"有关的经典文献、诗词以及成语赏析。

⑤ 射艺教学的安全要求与注意事项。

⑥ 礼射器材与礼射规则(大学生射艺竞赛规则)。

2. 基本技术

① 静心自信。

② 站姿脚位。

③ 持弓之法。

④ 勾弦要义。

⑤ 头转体备。

⑥ 举弓锁肩。

⑦ 引弓入彀。

⑧ 前撒后放。

⑨ 动作暂留。

⑩ 敛弓收势。

3. 基本礼仪

① 上射位礼：上射位前，先行揖让礼、请弓礼、执弦礼，再起射，表示对射艺这项活动的尊重，对参加活动的师生、场地、器材的尊重。

② 下射位礼：射箭结束后，行藏弓礼、释弓礼，表示对自己的尊重，有始有终地完成活动。

③ 验靶礼仪：验靶前先对靶行礼，再去取箭，表示对目标和外物的尊重。

4. 身体素质练习

① 有氧练习。

② 无氧练习。

③ 身体力量练习。

④ 身体柔韧性、灵敏性练习。

（五）教学要求

① 通过射艺教学，切实增强学生体能，提高学生身体协调性、节奏感和自我控制能力。

② 通过射艺教学，充分激发学生学习的兴趣，增强学生的自信心，培养学生的团队意识和创新思维。

（六）教学日历

教学日历如表 6.1 所示。

表 6.1　教学日历

周　次	教学内容
一	一、理论 1. 本学期教学内容和任务 2. 期末考核内容及办法 3. 课堂常规教育和安全规则 二、射艺 1. 射艺理论讲解 2. 射艺器材介绍 三、身体恢复性练习
二	一、准备活动 二、射艺 1. 安全要求 2. 分组组建团队,队内分工 3. 学习上下弓弦 4. 学习基本站立姿势 三、身体素质练习:跑的专门练习
三	一、理论:《论语》 二、射艺 1. 复习基本站立姿势 2. 复习上下弓弦 3. 学习举弓、开弓 三、身体素质练习:身体柔韧性练习
四	一、理论:《孟子》 二、射艺 1. 复习举弓、开弓 2. 学习弹力带撒放 三、身体素质练习:20分钟有氧跑练习
五	一、理论:《礼记·射义》(一) 二、射艺 1. 利用弹力带复习完整举、引、放动作 2. 学习推弓勾弦,注意沉肩旋臂 3. 学习瞄准 4. 7米射艺练习 三、身体素质练习:上肢肌肉力量练习

周　次	教学内容
六	一、理论:《礼记·射义》(二) 二、射艺 1. 复习强化基本动作 2. 纠正易犯错误 3. 10 米射艺比赛 三、体能测试:女生 800 米,男生 1000 米
七	一、理论:《礼记·射义》(三) 二、射艺 1. 复习强化基本动作 2. 心理训练 3. 10 米射艺比赛 三、体能练习:踢毽子游戏
八	一、理论:《西江月·射箭》 二、射艺 1. 利用弹力带复习完整举、引、放动作 2. 学习五平三靠 3. 复习瞄准 4. 10 米射艺练习 三、身体素质练习:1000 米变速跑练习
九	一、理论:《白虎通德论》 二、射艺 1. 学习射艺的基本礼仪 2. 学习直线对称用力,强化后手 3. 10 米射艺练习 三、身体素质练习:800 米跑练习
十	一、理论:《观德亭记》 二、射艺 1. 复习基本动作 2. 学习前手知簇,强化前手 3. 学习对称用力的前撒后放 4. 10 米射艺练习 三、身体素质练习:1600 米跑步练习
十一	一、理论:孔子射艺故事一 二、射艺 1. 学习表象训练 2. 学习射艺节奏感的建立 3. 10 米射艺练习 三、身体素质练习:腰腹肌练习

周　次	教学内容
十二	一、理论:孔子射艺故事二 二、射艺 1. 复习基本动作 2. 学习射艺竞赛规则 3. 10 米射艺练习 三、身体素质练习:跳绳练习
十三	一、理论: 二、投壶 三、射艺 1. 复习强化基本动作 2. 10 米射艺比赛 三、体能练习 1. 体能补考 2. 跳长绳游戏
十四	一、理论: 二、射艺 1. 复习强化基本动作 2. 射艺总决赛 三、体能游戏:变速跑 四、作业:射艺心得体会
十五	一、准备活动 二、射艺 1. 复习基本技术 2. 射艺礼仪考试 三、体能练习:放松跑
十六	一、准备活动 二、射艺 1. 复习基本动作 2. 射艺技能考试 3. 补考 三、射艺心得体会
十七	一、准备活动 二、射艺 1. 复习基本动作 2. 射艺理论考试 3. 补考
十八	机动周

（七）教学评价体系

1. 原则

"射""礼"并重,培养君子之风。

文武并重,注重身体锻炼和动手能力。

2. 组成

① 课堂表现（20%）。

② 身体素质（30%）（男生 1000 米,女生 800 米,参照大学生体质测试标准）。

10 米距离射箭（50%）（含理论、礼仪、技术）。

3. 射艺考试标准

① 理论考试（20%）:理论考试为教师指定背诵与"射"有关的经典文献。

② 射艺考核（80%）。

a. 达标考试（40%）

考核方法:10 米距离,三番四矢,取三番最好成绩（表 6.2）。

表 6.2　考核靶上得分及对应分数

靶上得分	36～40	31～35	26～30	21～25	16～20	11～15	6～10	1～5	0
分　数	96～100	90～95	85～89	80～84	75～79	70～74	65～69	60～64	0

b. 技术评定（40%）

优秀 A（90～100 分）:站姿中正,身体挺拔正直,仪表仪容端正,礼仪动作正确,两肩保持放松、平直;举弓动作协调、稳定有力、节奏连贯;瞄准审固能够稳住,不急于撒放;撒放动作能够利用背部肌肉实现前撑后拉;动作暂留能够保持两秒钟;有敛弓收势的动作,弓箭飞行途中稳定性高。

良好 B（80～90 分）:身体基本正直,仪容仪态基本端正,礼仪动作基本正确,两肩放松;举弓协调、有稳定节奏;瞄准审固能够保持住;撒放动作能够利用背肌作为主导;有明显的动作暂留;有收势动作,弓箭飞行途中基本稳定。

及格 C（60～80 分）:身体没有明显歪斜,仪容仪态一般,礼仪动作不够标准;肩部没有明显紧张;举弓、引弓动作到位,能够拉到固定靠位;瞄准动作稳定,没有晃动;撒放时后手有向后的位移;动作结束没有明显破坏直线的动作。

不及格 D（60 分以下）：身体没有明显歪斜；仪容仪态邋遢，礼仪动作欠缺，肩部有紧张动作；举弓、引弓力度不够，拉弓不到位；没有明显的瞄准时间，撒放有送撒动作，没有动作暂留和收势。

（八）有关注事项

1. 成绩不及格、补考、缓考与重修处理

① 学期末考试成绩总评不满 60 分，做成绩不及格处理，经下学期开学补考仍不及格者应重修。

② 学生因特殊原因不能参加本学期考试或者某一项测试，可向任课教师和学校教务处提出缓考申请，待下学期开学初参加统一补考测试，如考试不及格，不得申请补考，应重修。

③ 学生在本学期因故缺课（病假、事假）累计达 5 次或者旷课 3 次以上，给予取消技术技能测试资格，并做成绩不及格处理，不能申请补考，只能重修。

2. 课堂有关纪律

① 遵守课堂纪律，做到不迟到、不早退、不旷课，有事请假。

② 上课时必须穿运动服装、运动鞋。

③ 上课时服从指挥，射箭练习时统一撒放，统一取箭，安全第一。

④ 保持射艺场地的清洁卫生，爱护公共财物及体育器材。

⑤ 尊重师长，团结同学。

⑥ 根据老师安排，切实要做好准备活动，预防运动伤害事件的发生。

三、曲阜师范大学公共体育射艺课程的实践展示

（一）教案示例展示（表 6.3～6.6）

表 6.3 曲阜师范大学公共体育射艺示例教案（一）

教师：***	班级：***	周次：**	日期：** 年 ** 月 ** 日
目标	\multicolumn{3}{l}{1. 介绍射艺的历史和文化特色，帮助学生建立保护与传承的历史使命感 2. 介绍射艺所需器材和辅助装备，使学生初步了解使用方法与基本规范 3. 通过对乡射礼的介绍，使学生了解射艺项目与礼仪的关联 4. 通过了解产生运动损伤的原因，帮助学生建立做好准备活动的意识}

161

部分	时间	内容	组织教法
理论部分	50分钟	1. 集合整队清点人数 2. 教师自我介绍,师生问好 3. 提问学生对本项目的了解和兴趣点 4. 课堂常规要求 a. 纪律服装要求 b. 课外锻炼要求 c. 成绩基本构成 5. 射艺课程要求 a. 礼仪要求 b. 安全要求 c. 器材使用管理规定 d. 场地使用管理规定 6. 射艺基本知识讲解 a. 历史简介 b. 当代发展 c. 文化内涵 d. 学校特色 e. 竞赛规则 f. 器材介绍	1. 队形: XXXXXXXXXXXXX XXXXXXXXXXXXX △ 2. 要求学生认真听讲,营造轻松愉悦的课堂氛围 3. 具体安全要求 a. 箭不对人,弓不空放 b. 不管有无箭,开弓不对人 c. 号令统一撒放,放完一起取箭 d. 前方有人不开弓,不上射位不触箭 e. 一定要穿运动鞋来训练,一定要佩戴护具 4. 突出关键知识点的重要性
实践部分	35分钟	1. 弓箭介绍和护具使用方法 a. 弓的构造:弓弝、弓臂、弓弰、弓弦 弓的分类:玻片弓和层压弓 b. 箭的构造:箭头、箭身、箭尾 箭的分类:碳素箭、竹木箭;铁头、橡胶头等 c. 大拇指护指的使用方法 大拇指护指介绍:筒扳、破板、皮护指;铜质、银质、树脂材质、菩提子材质展示 d. 二指护指的使用方法 e. 护臂的使用方法 2. 了解将弓发作为护臂的使用办法,学会佩戴三种护具 3. 讲解运动损伤的预防原理 4. 慢跑10分钟	1. 教师讲解,进行各个角度示范 a. 了解弓的基本构造和性能 b. 了解箭的结构和用途 c. 学生正确佩戴护具 重点:根据每个人的手臂特点,选用护臂 2. 教师讲解示范,学生辅助演示 3. 强调养成先热身再运动的习惯 学生可根据自身情况匀速慢跑,不要求速度,但要保证时间
结束部分	5分钟	1. 本课小结 2. 布置作业 3. 宣布下课,师生道别,行礼 4. 值日生归还器材	1. 认真讲评课的内容的完成情况及要求学生课后加以练习 2. 道别时按中国传统行揖礼

表 6.4 曲阜师范大学公共体育射艺示例教案（二）

教师:***	班级:***	周次:**	日期:** 年 ** 月 ** 日

目标	1. 通过学习中国经典射艺文献,理解中国古代对于体育竞争的哲学认知 2. 通过复习基本站立姿势和握弓勾弦动作,巩固射艺基本技术能力的掌握 3. 学习开弓技术,掌握完整的射箭基本动作 4. 通过体能练习,锻炼学生上肢绝对力量

部分	时间	内容	组织教法
开始部分	10 分钟	1. 体委集合整队,报告人数 2. 师生问好,宣布课的任务及要求 3. 检查服装,安排见习生 4. 理论学习:《论语》 君子无所争,必也射乎,揖让而升,下而饮,其争也君子	1. 队形: XXXXXXXXXXX XXXXXXXXXXX △ 2. 简明扼要地讲述任务及要求 3. 见习生随堂听讲 4. 结合当时历史解释"争"的意义及其背后的历史背景;结合乡射礼解释射艺的基本礼仪;阐释君子之争的哲学内涵
准备部分	5 分钟	1. 集体慢跑 2. 徒手操 头部运动　2×8 拍 扩胸运动　2×8 拍 体转运动　2×8 拍 腹背运动　2×8 拍 膝关节运动　2×8 拍 弓步压腿　4×8 拍 手腕脚腕运动　2×8 拍 3. 肩关节专项拉伸练习　4×8 拍	1. 排成一路纵队绕场地慢跑四圈 2. 教师喊口令、学生自己做,要求学生自己记住方法和顺序 3. 教师喊口令,学生学做;尽可能压开韧带,注意适度防止拉伤
基本部分	70 分钟	1. 复习上下弓弦 2. 复习握弓勾弦的基本技法 a. 介绍几种推弓方法 3. 复习基本站立姿势 4. 学习开弓技法(持弓无箭) a. 举:前臂伸直举弓,两手大致平行于地面,高度在额头至头顶之间。后肘抬起约与手平行	1. 学生练习,教师巡回指导 2. 教师示范,回顾基本要点 a. 轮流练习,教师巡回纠正错误动作 b. 介绍高推、中推、低推的使用方法和利弊 c. 推弓的关键是减少手对弓的影响 3. 教师分解示范,学生分组相互指导动作练习 两人一组轮流练习,确保基本技术准确,没有大的问题 4. 教师示范讲解,学生两人一组分解练习,学生互作小老师。每次技术点要求不超过三个 a. 举弓不超 30°;两肩放松下沉;弓与身体保持一个平面,垂直于目标(镜子里面看不到后肩、后肘)

续表

部分	时间	内容	组织教法
基本部分	70分钟	b. 引:两手同时下降,斜方肌和背阔肌对称用力开弓;下降至前手、前肩、后肩一条直线,平行于地面;后拉至后手食指在耳根处;后肘略高于肩部 c. 放:后背肌肉主动用力,将后手水平向后引,同时大拇指搓开食指旋腕将箭放出 d. 身体柔韧性练习	b. 介绍小拉、中拉、大拉三种方式;展示斜方肌和背阔肌的位置;强调一条直线,后肘略高;后手的靠位;继续保持一个平面,镜子里看不到后肘、后肩 c. 讲解水平用力原理;背加力后肘略后引(打人比喻);搓指旋腕时相对放松;动作暂留,回头检查 d. 注意徒手和持弓的区别;注意受力和非受力的动作一致性 5. 注意强度和量的控制,增强趣味性
结束部分	5分钟	1. 放松 2. 课堂小结 3. 宣布下课,师生道别,按小组归还器材	1. 按体操队形排成四列横队,跟着口令合拍做放松操 2. 认真讲评课的内容的完成情况及要求学生课后了解中国射艺经典 3. 师生道别时行揖礼

表6.5　曲阜师范大学公共体育射艺示例教案(三)

教师:***	班级:***	周次:**	日期:**年**月**日

目标	1. 通过学习中国经典射艺文献,理解中国古代射艺技法的内涵 2. 通过学习五平三靠的技法原理,提高射艺技能 3. 在行礼中加深对射艺精神内涵的理解和领悟 4. 通过体能练习,锻炼学生在中长距离的情况下,保持速度的能力

部分	时间	内容	组织教法
开始部分	8分钟	1. 体委集合整队,报告人数 2. 师生问好,宣布本节课的任务及要求 3. 检查服装,安排见习生 4. 理论学习:《西江月·射箭》 射贵型端志正,宽裆下气舒胸。五平三靠是其宗,立足千斤之重。开要安详大雅,放需停顿从容。后拳凤眼最宜丰,稳满方能得中	1. 队形: XXXXXXXXXXXX XXXXXXXXXXXX △ 2. 简明扼要地讲述任务及要求 3. 见习生随堂听讲 4. 回顾"内志正,外体直",结合诗句,分别对应我们动作的程序和细节。讲解开弓、放箭的感觉。后手钩弦的技术要点和原理。要求学生反复吟读,能够背诵
准备部分	7分钟	1. 集体慢跑 2. 徒手操 头部运动　2×8拍	1. 排成一路纵队绕场地慢跑四圈 2. 教师喊口令、学生自己做,要求学生自己记住方法和顺序

部分	时间	内容	组织教法
准备 部分	7分钟	扩胸运动　2×8拍 体转运动　2×8拍 腹背运动　2×8拍 膝关节运动　2×8拍 弓步压腿　4×8拍 手腕脚腕运动　2×8拍 3. 肩关节专项拉伸练习　4×8拍	3. 教师喊口令,学生学做;尽可能压开韧带,注意适度防止拉伤
基本 部分	70 分钟	1. 利用橡皮筋复习完整开弓、撒放动作 2. 学习五平三靠 3. 复习瞄准 先在弓臂上固定一个瞄点,射三支箭,如果大致偏在某个区域,则根据偏离的位置再调整瞄点 4. 5米增加至7米距离射箭练习(橡胶箭头) 5. 1000米变速跑耐力练习	1. 教师讲解原理,学生分组练习 a. 开弓后,俯视三角形原理讲解。俯视情况下,前手、后手、后肘连成直线;前手、前肩、后肩连成直线;后肩到后肘一条直线,构成一个锐角三角形 易犯错误:形成梯形 纠正:前肩锁住,后肘大小臂夹紧 b. 第一组复习,相互检查动作到位,中轴正和三线平;第二组复习要求学生体会开要安详大雅,放须停顿从容的感觉;第三组复习要求强化撒放后的动作暂留 2. 教师示范讲解,学生练习 a. 五平:头顶贯平,两肩靠平,两手抬平,两足踏平,心气和平 b. 三靠:箭靠弓,弦靠胸,箭靠脸 3. 教师讲解,学生练习体悟 a. 找瞄点的时候,不改变动作 b. 如偏上,则弓臂上的瞄点向上移;偏右,则瞄点向左移 4. 学生分组练习,组长统一口令,教师巡回指导 a. 先行礼,后行射 b. 教师个别纠正动作 5. 要求学生在最高能力70%～80%的情况下完成,也就是在较快速度下完成的跑步练习
结束 部分	5分钟	1. 放松活动 2. 课堂小结 3. 布置作业 4. 宣布下课,师生道别,按小组归还器材	1. 按体操队形排成四列横队,跟着口令合拍做放松操,每节两个八拍 2. 讲评完成情况,要求学生课后了解"五平三靠"的不同解释和出处 3. 道别时行揖礼

表6.6　曲阜师范大学公共体育射艺示例教案(四)

教师:***	班级:***	周次:**	日期:** 年 ** 月 ** 日

目标	1.(德)通过学习中国经典射艺文献,思考"德"的内涵与"心"的修炼 2.(艺)通过学习对称用力的技法原理,解决前手问题,提高射艺撒放的技能 3.(礼)通过提问为何要向对手行礼,帮助学生理解尊重对手的意义 4.(体)通过体能练习,锻炼学生有氧能力和心肺功能

部分	时间	内容	组织教法
开始 部分	8分钟	1. 体委集合整队,报告人数 2. 师生问好,宣布课的任务及要求 3. 检查服装,安排见习生 4. 理论学习:《观德亭记》 君子之于射也,内志正,外体直,持弓矢审固,而后可以言中,故古者射以观德。德也者,得之于其心者也。君子之学,求以得之于其心。故君子之于射,以存其心也。是故躁于其心者,其动妄;荡于其心者,其视浮;歉于其心者,其气馁;忽于其心者,其貌惰;傲于其心者,其色矜。五者,心之不存也。不存也者,不学也。君子之学于射,以存其心也。是故心端则体正,心敬则容肃,心平则气舒,心专则视审,心通故时而理,心纯故让而恪,心宏故胜而不张、负而不驰,七者备而君子之德成。君子无所不用其学也,于射见之矣。故曰:"为人君者以为君鹄,为人臣者以为臣鹄,为人父者以为父鹄,为人子者以为子鹄。"射己之鹄也。鹄也者,心也,各射己之心也,各得其心而已。故曰可以观德矣。作《观德亭记》。	1. 队形: XXXXXXXXXXXXXXX XXXXXXXXXXXXXXX △ 2. 简明扼要地讲述任务及要求 3. 见习生随堂听讲 4. 提问:你认为"德"指的是什么?让同学们思考和回答。 分析德与心的关系。提出通过学习将德内化的概念 举例解释五种心之不存的情况,结合射箭分析动、视、气、貌、色的具体情况 背诵君子之德成的七个方面 讲解射己之鹄的内涵,分析中国古代等级有序与射礼的内在关联,帮助学生理解射礼教化在当时社会教育中的功用,并结合当代的社会发展,思考礼、德的意义与价值
准备 部分	7分钟	1. 集体慢跑 2. 徒手操 头部运动　2×8拍 扩胸运动　2×8拍 体转运动　2×8拍 腹背运动　2×8拍 膝关节运动　2×8拍 弓步压腿　4×8拍 手腕脚腕运动　2×8拍 3. 肩关节专项拉伸练习　4×8拍	1. 排成一路纵队绕场地慢跑四圈 2. 教师喊口令,学生自己做,要求学生自己记住方法和顺序 3. 教师喊口令,学生学做;尽可能压开韧带,注意适度防止拉伤

部分	时间	内容	组织教法
基本部分	70分钟	1. 利用橡皮筋复习撒放技术,学习对称持续用力 2. 学习前手知簇,重点解决前手问题 3. 7米距离射箭练习(实箭) 4. 1600米跑步练习	1. 学生两人一组练习,相互检查基本规范;教师巡视检查基本规范动作,要求复习强化之前的关键点 a. 前手为撒,后手为放 b. 讲解对称用力的原理,体验胸开背紧的感觉 2. 教师示范讲解,学生分组练习 a. 前手知簇,簇不上指,必无中理,指不知簇,同于无目 b. 前手送箭,上弓稍自然前点 c. 练习时,引弓强调前手知簇,动作暂留时,检查前手送箭 3. 学生分组练习,组长统一口令,教师巡回指导 a. 讲解拔箭的安全注意事项 b. 再次强调箭的威力和严格按照口令发射和取箭 c. 行礼后射,为何向对手行礼 d. 教师个别纠正动作,及时给予表扬和鼓励 4. 不计时1600米跑步练习,保持匀速,中间不能走或休息
结束部分	5分钟	1. 放松活动 2. 本课小结 3. 布置作业 4. 下课,道别,按小组归还器材	1. 按体操队形排成四列横队,跟着口令合拍做放松操,每节两个八拍 2. 讲评完成情况,要求学生课后背诵《观德亭记》 3. 道别时行揖礼

（二）有关射艺比赛展示

曲阜师范大学多次举行射艺比赛（图6.1和图6.2）。

图6.1　曲阜师范射艺比赛报道

图6.2　曲阜师范大学射艺比赛

比赛中,从就位、揖让到举弓、瞄准、撒放,同学们整套动作一气呵成。"弓开如秋月行天,箭去似流星落地",随着一支支利箭破空,射艺场地成为名副其实的"众矢之地",参赛者也在欢声笑语中感受到传统射箭运动的独特魅力。

比赛中,同学们在愉悦身心的同时,也对"百步穿杨、有的放矢、众矢之的"和"惊弓之鸟"等耳熟能详的成语、典故有了不同的认识,进而对传统文化产生了浓厚的兴趣。

四、曲阜师范大学公共体育射艺课程的创新之处

在射艺课程开设之初,为了避免课改活动流于形式,变成"多开一门课程"的现象出现。曲阜师范大学曾专门组织体育教育训练学、民族传统体育学、体育人文以及儒学等相关学科的专家针对课程创新的重点问题进行了多次论证分析。在教学理念、教学方法、评价方式方面均做出了一定程度的创新,形成了较为完善的射艺课程体系。因此,可以说射艺课程是曲阜师范大学推出的一门精品校本课程,其主要创新之处在于以下三个方面。

(一)打破了传授运动技术为主的教学理念

曲阜师范大学射艺课程在教学理念上,改变了过去过于注重运动技术传授的观念,在教学中提升了对学生进行道德素养教育的比重。在教学过程中,将很多做人道理结合射箭礼仪传授给学生。因为,射礼本质上是一种健康道德的巧妙导引方式,是华夏先民寓德于射、寓礼于射、寓教于射的宝贵人文实践成果。其中蕴含的正、中、仁、德、道、松、静、自然、礼让等理念,对于大学生德育能力的培养具有重要意义。在教学过程中,教师注重将射箭礼仪中蕴含的人文精神加以提炼,然后将其改造应用于教学过程中,使其成为富有哲理的"弓道",成为引导大学生全面发展教化之具。

(二)利用现代高科技技术对教学方法进行突破

为了开创启发式,探索式的教学方法,解决传统体育课程教学过程中的"满堂灌"问题。曲阜师范大学校大胆创新,充分发挥平台优势,借助曲阜师范大学国家级虚拟仿真实验中心,投入了很多的人力和物力,集中开发了"射艺"

虚拟仿真项目。在教学过程中,教师采用了传统讲解与虚拟仿真练习相结合的教学方法,除了让大学生实地操作外,还让他们利用拟仿真实验平台来进行射礼规范以及各技术环节的复习,使得他们的学习兴趣大大提高。学习过程富有趣味性,各技术环节容易记住记牢,在一定程度上解决了传统灌输式教学方式会使学生感到枯燥、厌倦,学习兴趣不高的问题。

(三)评价体系的创新更加符合学生需求

曲阜师范大学在射艺课程改革立项时,就坚持把评价体系创新作为课改活动中的一项重点工作。现行的射艺课程评价体系,主要从评价标准、评价对象、评价方法等方面实现了一定程度的创新。

一是评价标准由单一化转向多元化。射艺课程从 2017 年开设至今,逐渐形成了一套多元考核评价体系。现行的课程评价指标较为丰富,主要包括射艺各环节规范程度、考勤、课后作业以及学生的课堂表现等。同时,还强化了过程性评价的比重,每隔一段时间就会以比赛的形式进行考核,打破了传统体育课程以单一的终结性评价为主的课程评价体系。

二是评价对象将团队成绩纳入考核范围。射艺课程现行的评价对象,不仅针对单个学生,还包括对整个学生小组的评价。根据小组中每个学生的环数、射礼各个环节的规范程度、射箭技术环节的规范程度评价进行整体文化视野评价。自从将团队成绩纳入考核体系以后,可以发现部分技术掌握较为优秀的同学,会经常主动帮助组里掌握较差的同学,而那些平时成绩较差的学生会因为不愿意拖累整组而努力训练,甚至平时去体育馆加练。因此,学生间的互动比以前频繁了许多,他们开始合作来解决在学习过程中遇到的问题。这种团队考核的形式不仅增加了学生之间的凝聚力,在学生之间形成了良好的体育学习氛围,也培养了学生良好的体育道德和协作精神,使其明白了竞争与合作的真谛。

三是评价方法由单一闭合式转向开放互动式。现行射艺课程评价,提升了学生对于评价活动的参与程度,评价过程不再是教师个人的事情,而是让学生也参与到评价活动中来。教师充分给予学生自由,真正做到以学生为中心。在具体实施评价时,首先让学生了解评分标准,然后组与组之间相互记分评价,最后将成绩报阅教师,教师进行点评和总结,并指出技术环节的不足。学生与学生互动,学生与教师互动,形成了教学内容与考核评价的良性互动关系。另外,学生参与评价,有利于其民主意识的培养,使得学生的成绩相对客观全面。当然,这样做也有利于培养学生诚信做人、诚信做事的道德品质,使考核变成了一次实践性的诚信教育。

　　总之,射艺课程是具有儒家文化特色的传统体育文化,不仅拥有浓厚的文化底蕴,而且有着很好的育人价值和健身价值,对于弘扬中华优秀传统文化、增强学生体质、培养学生的道德素质和人文素质都具有重要意义。课程开发过程中,高校不仅要关注课程内容的创新,而且要在内容设置、教学理念、教学方法、评价方式等方面进行创新。

参考文献

[1] 李学勤. 十三经注疏 [M]. 北京:北京大学出版社,1999.

[2] 周振甫. 诗经译注 [M]. 北京:中华书局,2010.

[3] 江灏,钱宗武. 今古文尚书全译 [M]. 贵阳:贵州人民出版社,2009.

[4] 孙诒让. 周礼正义 [M]. 北京:中华书局,1987.

[5] 杨天宇. 礼记译注 [M]. 上海:上海古籍出版社,2004.

[6] 王聘珍. 大戴礼记解诂 [M]. 北京:中华书局,1983.

[7] 周振甫. 周易译注 [M]. 北京:中华书局,2012.

[8] 杨伯峻. 春秋左传注 [M]. 北京:中华书局,1981.

[9] 杨伯峻. 论语译注 [M]. 北京:中华书局,1980.

[10] 杨伯峻. 孟子译注 [M]. 北京:中华书局,1960.

[11] 张觉. 荀子译注 [M]. 上海:上海古籍出版社 2012.

[12] 曾振宇,傅永聚. 春秋繁露新注 [M]. 北京:商务印书馆,2012.

[13] 颜元. 颜元集 [M]. 北京:中华书局 1987.

[14] 习近平谈治国理政 [M]. 北京:外文出版社,2014.

[15] 习近平谈治国理政 第二卷 [M]. 北京:外文出版社,2017.

[16] 习近平谈治国理政 第三卷 [M]. 北京:外文出版社,2020.

[17] 习近平谈治国理政 第四卷 [M]. 北京:外文出版社,2022.

[18] 卢兵. 中华民族传统体育文化导论 [M]. 北京:民族出版社 2005.

[19] 崔乐泉. 中国民族传统体育学 [M]. 北京:科学出版社,2018.

[20] 苏竟存. 中国近代学校体育史 [M]. 北京:人民教育出版社,1994.

[21] 习云太. 中国武术史 [M]. 北京:人民体育出版社,1985.

[22] 林伯源. 中国武术史 [M]. 北京:北京体育大学出版社,1994.

[23] 崔乐泉. 中国古代体育精神及其文化特质 [J]. 人民论坛,2021(22):

110-112.

[24] 崔乐泉,陈沫.基于体育教育视角的中华优秀传统文化研究 [J].北京体育大学学报,2020,43(2):35.

[25] 郑继超,张佩云,董翠香.习近平关于体育工作重要论述研究:热点与展望 [J].西安体育学院学报,37(6):670-675.

[26] 赵富学,陈蔚,王杰,等."立德树人"视域下体育课程思政建设的五重维度及实践路向研究 [J].武汉体育学院学报,2020,54(4):80-86.

[27] 赵富学,黄桂昇,李程示英,等."立德树人"视域下体育课程思政建设的学理释析及践行诉求 [J],体育学研究,2020,34(5):48-54.

附　录

儒家优秀文化融入新时代高校公共体育课教学问卷调查

亲爱的同学：

  您好！我是一名高校体育教师，为了更好地了解儒家优秀文化融入新时代高校公共体育课教学的情况，以便更好地传承儒家优秀文化，推动新时代高校公共体育课教学改革，特开展本次问卷调查。本次问卷采用不记名方式，答案没有对错之分，仅用于学术研究，不会泄露您的隐私。您的真实作答对我们的课题研究十分重要，请您认真填写。在相应的选项下打"√"

一、基本信息

1. 您的学历　①专科　②本科

2. 您的性别　①男生　②女生

3. 您的政治面貌　①党员　②团员　③群众

4. 你的年级　①大一　②大二　③大三　④大四

二、对儒家优秀文化的认识、态度的调查

1. 您对儒家优秀文化是否感兴趣？①有　②没有　③不了解

2. 您是否认同儒家文化中的"仁义礼孝忠义廉耻"？

①非常认同　②认同　③不认同

3. 您认为儒家文化在今天是否应该大力继承与发扬？

①应该继承　②不应继承

4. 您对目前儒家优秀文化进校园是否满意？

①非常满意　②满意　③有待加强

5. 您认为目前儒家优秀文化进校园活动中存在的主要问题是什么?

① 重形式、轻内容　② 形式单一　③效果不理想

三、对新时代高校公共体育课教学情况的调查

1. 您是否对大学公共体育课感兴趣?① 感兴趣　② 不感兴趣　③ 一般

2. 您认为体育课的主要作用有哪些?① 育人　② 育体　③ 育人＋育体

3. 您认为大学公共体育课教学中存在的主要问题是什么?① 内容枯燥
② 方法单一　③ 管理松散

4. 您认为体育课中是否渗透着课程思政的内容?

① 有渗透　② 不明显　③ 没有

5. 您认为应该如何提升高校公共体育课育人实效?

① 改进教学方法　② 充实教学内容　③ 提升教师素质

四、对儒家优秀文化融入新时代高校公共体育课教学现状的调查

1. 您是否了解儒家优秀文化融入高校公共体育课的相关活动或项目吗?

① 非常了解　② 比较了解　③ 不了解

2. 您认为开展儒家优秀文化融入体育课的有关活动重要吗?

① 非常重要　② 比较重要　③ 不重要

3. 您认为将儒家优秀文化融入高校公共体育课教学的意义有哪些?

① 推动优秀传统文化传承　② 推动高校公共体育课教学发展

③ 助推立德树人目标实现　④ 不知道

4. 你所在的学校有开展儒家优秀传统文化进体育课堂相关的活动吗?

① 有,而且效果很好　② 有,但是效果不明显　③ 没有　④ 不清楚

5. 您所在的学校在开展儒家优秀文化进体育课堂方面选择的内容是否
科学?

① 非常科学　② 比较科学　③ 不科学

6. 您所在的学校在开展儒家优秀文化进体育课堂方面采取的主要方式是
什么?

① 传统体育课　② 课堂讲授　③ 不太清楚

7. 您认为在体育课程中融入儒家优秀文化对提高教学效果有促进作用吗？

① 有很大作用　② 一般　③ 不太清楚

8. 您认为对儒家优秀文化融入高校公共体育课遇到的主要困难有哪些？

① 师资不足　② 学生不感兴趣　③ 缺少政策支持

9. 您认为教师具备的哪些素养对体育课"融入"儒家优秀文化有促进作用？

① 以身作则、行为世范的人格魅力　② 爱生敬业的责任感

③ 良好的传统文化素养　④ 良好的专业技能

10. 体育课程中融入儒家优秀传统文化，对提升您战胜困难、正确应对困境的能力有帮助吗？

① 有很大作用　② 一般　③ 没有作用　④ 不太清楚

11. 根据您上课及观察到的实际情况，您认为目前学校体育课程融入儒家优秀传统文化的状况和效果怎么样？

① 较好　② 一般　③ 不太好　④ 不太清楚

12. 根据目前学校体育课程融入儒家优秀传统文化的情况，您认为需要在体育课程中更进一步促进吗？

① 还可以更好，需要更一步促进　② 只需继续保持

③ 目前较差，需要好好努力促进　④ 已经很好，不需要

13. 请问您认为高校公共体育课程中融入儒家优秀传统文化有哪些途径？

① 提高教师的综合素质　② 改变教学理念

③ 任课教师多进行引导　④ 通过各种文化活动或比赛促进融入

14. 您对儒家优秀文化融入高校公共体育课程有哪些建议？

非常感谢您的积极参与，衷心地祝您身体健康、万事如意！

关于儒家优秀文化融入新时代高校公共体育课
教师访谈提纲

1. 您所在的学校什么时候开始进行儒家优秀文化教育的？

2. 您所在的学校目前进行的儒家优秀文化教育主要有哪些课程？

3. 您所在的学校目前进行的儒家优秀文化教育主要通过什么途径或方式？

4. 您认为儒家优秀文化教育对学生品德形成产生了影响吗？产生的最大影响是什么？

5. 您所在的学校目前公共体育课教学状况如何？是否能满足大学生的需要？存在什么的问题？

6. 您所在的学校是否有将儒家优秀文化融入公共体育课教学的情况？

7. 您认为将儒家优秀文化融入高校公共体育课教学是否有必要？

8. 您认为将儒家优秀文化融入高校公共体育课教学的主要价值是什么？

9. 您认为将儒家优秀文化融入高校公共体育课教学的主要困难是什么？

10. 您认为怎样才能更好地将儒家优秀文化融入高校公共体育课教学中？

11. 您是否愿意在高校公共体育课教学中进行新的教学改革？

12. 您认为在推动高校公共体育课教学改革中,最大的阻力或困难是什么？